Jean DORAT

(1508 - 1588)

Du même auteur
(parmi ses 34 ouvrages parus)

— *Le franc-tireur* - roman - Edit. de La Veytizou (1989 - rééd.) Prix Limousin des Lettres 1973.

— *La tête ailleurs* - Edit. Barré-Dayez (1990) - Prix Maurice Rollinat 1989.

— *Prières de pierre et de feu (lanternes des morts)* - histoire - Edit. Barré-Dayez (1993).

— *La mémoire face à l'outrage* - histoire -
Préface de Jacques Chaban-Delmas - histoire - (Edit. de La Veytizou, 1993).

— *Après tout* - poèmes - Edit. de La Veytizou (1993) - Prix 1994 de la poésie francophone

— *Si tu t'en sors, dis-leur* (camps de concentration nazis) - histoire - Edit. de La Veytizou (1995).

— *Paroles de miraculés* (Oradour-sur-Glane) - histoire - Edit. de l'Harmattan (1995). Ouvrage composé en collaboration avec Louys Riclafe -
Préface de Frédéric Pottecher.

ISBN : 2.7384-4361-3

Henri DEMAY

Jean DORAT

(1508 - 1588)

"L'Homère du Limousin",
âme de la Pléïade, et poète des rois

Editions L'Harmattan
5-7, rue de l'Ecole Polytechnique
75005 PARIS

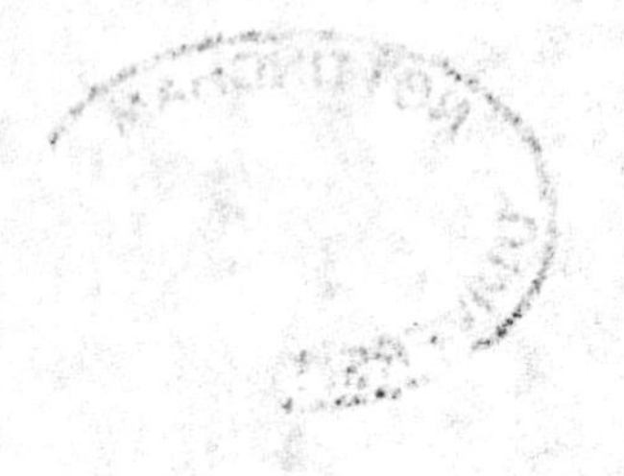

Avertissement

Jean Dorat... ce prestigieux fils du Limousin a disparu depuis plus de quatre siècles ; en une époque où – pour le commun des mortels – l'état-civil précis, rigoureux et archivé n'existait pas encore ; où, socialement, l'information et la mémoire écrites n'en étaient qu'à leurs babutiements ; avec ce que cela sous-entend d'hésitations, d'approximations, d'erreurs et d'omissions.

Dès lors, aux plans de la généalogie et de la chronologie des faits, nous n'héritons guère que d'hypothèses et de versions fragmentaires, dispersées, puis répétées ou contestées au fil des siècles suivants ; et tour à tour complémentaires ou contradictoires, voire antagonistes(1).

Après avoir rassemblé les éléments existants, mais épars, concernant l'œuvre et, surtout, la vie de Dorat, nous avons tenté, ici, de reconstituer le puzzle, en en ajustant les pièces avec un maximum de soin et de précision.

Notre fougueux Alexandre Dumas lançait plaisamment : "Qu'importe de violer l'Histoire, pourvu qu'on lui fasse de beaux enfants"(2).

Plus calmement, nous essayons, en l'occurrence, de lui faire – à cette Histoire – un enfant bien porté et bien portant : en ne la violant point ; mais au contraire, en nous la rendant consentante... C'est-à-dire plus belle et plus séduisante.

H.D.

AVANT 1508

En 1434, une invention capitale s'apprête à révolutionner l'essentiel de la condition humaine : l'allemand Gutenberg [1] met au point la presse à imprimer, et - en 1441 - une encre qui permet l'impression des deux faces du papier.

En 1462, à Blois, naît Louis d'Orléans, futur Louis XII. Il est le fils de Charles, duc d'Orléans [2], et de Marie de Clèves. A l'instant, débute le règne de Louis XI, qui s'achèvera en 1483.

Cependant, en 1476, le roi, qui veut éteindre sa lignée, contraint Louis d'Orléans, précisément, à épouser sa fille, Jeanne de France [4]. Elle a 12 ans ; Louis en a 14...

Contrefaite, la jeune Jeanne subit son destin, terrible, et forcé. Louis, quant à lui, nourrit à son égard un tenace et sombre dessein ; mais il lui faut attendre son heure.

Au cours de la dernière décennie de ce 15e siècle, s'amorce le grand chambardement social et culturel qui va ébranler, puis transformer le monde occidental.

Caractérisé par un équilibre de la société et de l'économie basé sur la féodalité et la vassalité, le Moyen Age agonise. Il était né, selon la tradition, en 476, avec la chute de l'Empire romain ; certains voudront le faire mourir en 1453, lors de la chute de Constantinople [5] ; d'autres préféreront dater son décès de 1492. En effet, le 3 août de cette année-là, Christophe Colomb [6] part de Palos, à la tête d'une flottille de trois caravelles (la Niña, la Pinta, la Santa Maria). Le 12 octobre, il atteint l'île Watling, puis les Grandes Antilles, Cuba et Haïti : un monde nouveau est découvert.

Le déclenchement des *guerres d'Italie* va être - au sens propre et au sens figuré - le fer de lance de la métamorphose. Il constitue l'estocade de qui mettra fin à une civilisation vieille de mille ans, égrenés entre l'Antiquité et les Temps modernes.

En France, Charles VIII règne depuis 1483 [7]. En 1491 - il a 21 ans - il épouse Anne de Bretagne [8], qui en a 15.

En réclamant des droits sur le royaume de Naples que son père, Louis XI, avait hérité de la maison d'Anjou, il apparaît comme le *véritable initiateur des guerres d'Italie*. En 1494, l'arrivée des troupes françaises bouleverse l'équilibre italien ; d'ores et déjà, Rome recueille le flambeau du modernisme [9].

Cependant, face à l'alliance de Maximilien, d'Autriche, de Fernand d'Aragon, et même du pape Alexandre VI, les initiatives militaires françaises se soldent, sur le terrain, par un échec complet.

1498 - Charles VIII meurt. Comme prévu, le trône échoit à son cousin qui - à 36 ans - prend le nom de Louis XII [10]. Aussitôt, le nouveau souverain répudie Jeanne de France, et fait casser son mariage. L'an suivant, il épouse... la veuve de Charles VIII, Anne de Bretagne, qui a 22 ans [11].

Louis XII se jette à son tour dans l'aventure italienne. Il dispose d'un prétexte = ses droits sur l'héritage des Visconti. Gian Galbazzo Visconti [12] avait marié sa fille Valentine à Louis d'Orléans, frère de Charles VI [13]. C'est de ce mariage que Louis XII tire ses revendications sur le Milanais.

Mais, une nouvelle fois, ces batailles s'achèvent sur un désastre militaire.

Contre vents et marées, la vaste révolution amorcée abandonne explicitement les valeurs médiévales ; elle possède, entre autres, la caractéristique de faire renaître, dans la civilisation européenne, celles de l'Antiquité.

La Renaissance s'épanouit d'abord en Italie, avec l'afflux des manuscrits grecs, et des érudits chassés de Byzance. Elle y a pour protecteurs les papes Jules II et Léon X [14], qui commanditent écrivains et artistes. C'est l'époque de l'Arioste, de Machiavel, de Bembo, du Tasse, de Trissino [14].

Le mouvement s'avère ample et multiforme ; il pénètre ainsi les domaines littéraire, artistique, scientifique, social ; et aussi économique, avec les grandes découvertes, et la croissance du capitalisme. Quant à l'imprimerie, elle fait connaître les oeuvres antiques [15].

Grâce à ses campagnes d'Italie, et nonobstant le sort capricieux des armes, la France manifeste le même dynamisme rénovateur que l'Italie.

Des auteurs français vont bientôt s'efforcer d'enrichir la langue, et prêcher l'imitation des Grecs, des Latins et des Italiens.

C'est dans pareil contexte qu'un Limousin apportera - au fil d'un destin et d'une action exceptionnels - une contribution très importante au renouveau culturel.

Et il acquerra la célébrité sous son nom d'emprunt : Jean Dorat.

1508 - 1530

Nous voici entrés en cet an de grâce 1508.

A l'instant, Limoges est une cité déjà chargée d'une histoire longue, tumultueuse, et auréolée d'un passé culturel important et renommé. Un ancien peuple gaulois, les *Lémovices*, élit domicile à cet endroit, et s'enracina sur cette terre qui, ultérieurement, s'appellera le Limousin [1].

Dès l'époque mérovingienne, les émaux de la cité de Saint-Martial [2] connurent une réputation européenne, et assurèrent sa célébrité dans toute la chrétienté ; "*Opus Lemovicium*" : l'œuvre de Limoges, c'est l'émail.

Comme bien d'autres villes de France, les avatars et les épreuves de la cité correspondent aux antagonismes et aux manoeuvres de la politique royale.

Ainsi, en 1370, par exemple : depuis deux ans, Charles V [3] a victorieusement repris la guerre contre les Anglais ; il s'empare, peu à peu, de la plupart de leurs possessions en France. A Limoges, l'évêque veut alors "passer aux côtés du roi de France". Du coup, le Prince Noir décide de "punir" la ville.

Le 19 septembre 1370, ses troupes entrent dans la cité, et se livrent à un véritable carnage : elles pillent, tuent, incendient, massacrent, jusque dans les rues et sur les places ; elles violent les femmes, y compris les "bonnes sœurs" de la Règle. L'horreur d'une telle barbarie sera racontée dans toute la France ; et elle soulèvera une haine générale contre l'occupant anglais. Mais affaiblie par cette dramatique épreuve qui s'inscrit dans la guerre de Cent Ans, Limoges doit alors interrompre la construction de la cathédrale Saint-Etienne ; les travaux ne pourront reprendre qu'à partir de 1453, sous Charles VII.

Bien avant l'invention de Gutenberg, en 1495, la ville est un des premiers centres français de l'imprimerie. En 1381,

Barthélémy de Sistori y est le premier fabricant de cartes à jouer connu dans le pays : elles sont dessinées à la main, puis peintes au pochoir ; un procédé qui permet déjà la reproduction multiple.

A l'aube de ce 16ème siècle, l'imprimerie proprement dite est évidemment présente à Limoges : à l'enseigne de "la Sainte-Vierge", Jean Breton imprime bréviaires et missels.

La cité ne tire pas seulement son prestige de ses fameux "émaux bleu d'azur". Elle compte maints artisans habiles et entreprenants ; notamment des drapiers ; mais aussi des bâtisseurs - maçons, charpentiers, et d'autres - connus et appréciés, depuis déjà des siècles, dans tout le pays. Ces travailleurs de haute qualité sont les véritables *précurseurs* du mouvement syndical ouvrier, et comptent parmi les tout premiers propagandistes du socialisme dit "utopique".

Quant aux patrons locaux, ils s'emploient à éliminer les ouvriers des associations corporatives, et forment dès lors, une sorte d'aristocratie dont l'influence reste sans contrepoids.

Cependant, la construction de la magnifique cathédrale Saint-Etienne se poursuit patiemment (4). Sur l'heure, on procède à l'érection du clocher. Dans le même temps, on parachève les églises de Saint-Pierre-du-Queyroix et de Saint-Michel-des-Lions, dans le quartier du *Château* (5).

Là, à Limoges, il est, parmi beaucoup d'autres, une famille tranquille, laborieuse, sans histoires, au sein de laquelle un enfant de sexe masculin vient juste de voir le jour ; on le prénommera *Jean*. Sa mère, Noëlle, elle-même née chez les "de Bermondet" - marchands honorablement connus sur la place et dans la région - est l'épouse d'un consul de cette bonne ville-ci : Martial Disnematin, un nom que le dialecte patoisant du cru transforme spontanément en *Dinemandi*.

A cette heure où Jean, le nourrisson, pousse ses premiers vagissements, ses parents sont très loin d'imaginer que leur innocent rejeton d'aujourd'hui est promis à une carrière d'enseignant et de littérateur toute nimbée de gloire ; ni qu'au cours de sa longue vie, il "traversera" six règnes... [6]. Et encore moins qu'il côtoiera, au plus près, cinq des monarques en question.

En 1509, un établissement religieux de Fontenay-le-Comte, en Vendée, compte parmi ses pensionnaires un certain adolescent venu de Chinon, et qui se destine à devenir moine. Mais très vite, le garçon manifeste une soif intense de savoir, de découverte, de réflexions. Il rencontre des humanistes, tels Pierre Lamy [7], et aussi Guillaume Budé, un quadragénaire déjà fort connu [8] ; grâce à eux, le jeune "novice" apprend le grec, le latin, et cent autres choses encore, touchant à la liberté de parole et de pensée.

Bientôt, la hiérarchie catholique prend ombrage de tels échanges anti-conformistes et - pour elle - intolérables. Lamy doit s'enfuir. L'adolescent en question se voit contraint, lui, de changer d'établissement. Pour autant, il n'a pas dit son dernier mot ; et loin s'en faut : il s'appelle François Rabelais...

Du reste, beaucoup en ont désormais assez des abus de l'Eglise, de ses frasques, de ses manoeuvres, de ses manipulations, de son pouvoir trop souvent oppressif. Quitte à "exalter l'Esprit aux dépens de la hiérarchie", un impérieux besoin de régénération religieuse se fait jour.

Or, par son foisonnement et ses aspirations multiples, la Renaissance porte en elle les germes capables de transformer pareille exigence en une véritable révolution de la foi, la plus vaste qu'ait connu le christianisme. Parmi ces éléments, il y a précisément *l'humanisme*, entraînant une libération intellectuelle, et la redécouverte de l'Ecriture dans son texte original. Maintenant inévitable, le schisme [9] survient ; en cet an 1512, il donne naissance au protestantisme. Et dès lors, *la Réforme* [10] se répand dans toute l'Europe.

D'emblée, en France, sa gestation, son affirmation, son implantation, vont emprunter les longs et durs chemins de la souffrance. Elles ne laisseront point de générer des volte-face, des complots, des trahisons, des haines, des drames, des crimes et des massacres. Et cela, durant une interminable période. Tant il reste toujours`vrai que l'intolérance n'a ni âge, ni patrie ; la barbarie non plus...

Nous voici en 1514. La famille royale est en proie à une grande agitation interne. A Blois, Anne de Bretagne - épouse de Louis XII, et mère de Claude de France - meurt à l'âge de 38 ans. Louis en a alors 52 ; sa fille Claude, précisément fête, elle, son 15ème anniversaire. Sur-le-champ, le monarque la marie à François, comte d'Angoulême et duc de Valois ; un jeune homme de 20 ans destiné à devenir, plus tôt qu'il ne le croit, François 1er.

Louis XII, bien que quinquagénaire, jette alors son dévolu sur une gracile créature de 18 printemps, Marie d'Angleterre :

— Je brûle, tendre mie, de vous posséder toute. Et pour mûrissante qu'elle soit ma branche, encore solide et vaillante, saura rendre honneur avec grande constance, à votre oiseau d'amour.

— Que votre Majesté s'empare de ma vertu, j'en suis fort flattée ; mais qu'Elle fasse de moi sa royale épouse, et mes ardeurs, soudain, s'en trouveront de flamme...

Et le roi épouse illico Marie, de 34 ans sa cadette. Mal lui en prend : il mourra trois mois après ses noces...[11].

Disparu, donc, à 53 ans, ce souverain que les pauvres sujets du royaume avaient naïvement baptisé "le Père du peuple" laisse une France exsangue et ruinée par les désastres et les défaites.

François 1er (21 ans) accède au trône, en cet an 1515. Les campagnes d'Italie reprennent dare-dare. A la bataille de Marignan (tellement mémorisée et ressassée par des générations d'écoliers futurs), le Milanais revient à la France ; mais pour huit ans seulement, avant qu'elle le perde de nouveau...

Le roi étant occupé à guerroyer, c'est sa mère, Louise de Savoie, qui assure la régence et veille au salut du royaume. Plutôt jeune - elle n'a pas encore 40 ans -, belle, intelligente, mais intrigante et avide, elle concrétise alors ses bonnes capacités politiques ; elle s'attache également à protéger les savants.

Un garçon de 25 ans, courageux , audacieux et habile, contribue de manière décisive à cette célèbre victoire de Marignan qui nimbe de gloire le règne naissant de

François 1er = le connétable de Bourbon [12]. Mais un peu plus tard, celui-ci aura maille à partir avec la cour...

Le roi ne s'en tient pas à son succès militaire ; ses ambitions touchent à de multiples domaines. Dès cet an 1515, est entreprise la construction du château de Chenonceaux, près de Tours [13]. Puis ce sera l'édification de ceux de Villers-Cotterêts, près de Soissons ; de Chambord, près de Blois ; de St Germain-en-Laye [14].

Très absorbé par la conduite de ses projets guerriers, François 1er ne peut être, tout à la fois, aux batailles et aux affaires. C'est pourquoi il laisse gouverner tantôt sa mère, tantôt ses deux favoris : Duprat et Montmorency. Aujourd'hui, en cet an 1516, Antoine Duprat [15] entre, tardivement, dans les ordres ; il a, en effet, 53 ans. Et parallèlement, le roi le nomme chancelier. Il est vrai que naguère, Duprat fut son propre précepteur...

Parvenu au pouvoir, dans le sillage et l'ombre du roi, ce personnage emploie tous les moyens pour soutenir la politique étrangère de son souverain ; il a recours à maints expédients diplomatiques, et surtout financiers, telle "la vénalité des charges" ; et il ne manque pas de les utiliser pour son propre compte. Mais, surtout, c'est lui, Duprat, qui sera le véritable inspirateur de la répression du protestantisme.

Quant à Montmorency [16], il est, lui aussi, très proche de François 1er : ils furent élevés ensemble ; et ensemble, ils seront prisonniers, après la défaite de Pavie [17].

D'autre part, et sur l'heure, le roi tient à son service un certain "valet de chambre" appelé à la célébrité, et qui a pour nom : Clément Marot...

Donné à la fois comme cultivé et brave, séduisant et léger, François 1er ira bientôt de maîtresses à maîtresses. Les deux plus connues ne sont-elles pas la comtesse de Chateaubriand, et la duchesse Anne d'Etampes [18] ?

Avec celle-ci, le monarque n'y va pas par quatre chemins : d'autorité, il la marie à Jean de Brosses [19], tout en conservant - jalousement ! - ses faveurs :

"Il vous faut, doux ange, songer à convoler..."

— Mais pourquoi, Majesté ? Ne suis-je point assez ardente ? Exigez-vous , de ma part, plus fines mignardises et meilleures jouissances ?

— Que nenni, Madame : vous Nous comblez. Mais les affaires du trône ont dures nécessités...

— Gardez-moi, je vous prie ; ne laissez point votre bel attribut orphelin de moi !

— Rassurez-vous, belle Anne : bien qu'épousée ailleurs, vous resterez à Nous. Et Nous ordonnons qu'à notre moindre appel, votre exquis petit antre Nous réserve aussitôt gourmande et audacieuse hospitalité...

Certes, le roi "délaisse" fort sa légitime épouse, Claude de France ; mais pour très laide et boiteuse qu'elle soit, la reine n'en jouit pas moins d'une grande popularité.

Cependant, dynastie oblige : François 1er va s'ingénier à engendrer une descendance, mâle autant que possible.

Et pour ce faire, évidemment, il lui faut, bon gré, malgré, honorer l'infortunée Claude, jusqu'à ce que nouveau-né masculin s'ensuive. Même si, au lit conjugal, les rapports charnels restent bien moins qu'enthousiastes :

"Madame, prenez une position agréable à Dieu : la nature réclame ses droits".

1518 - Jean Dinemandi atteint sa dixième année. C'est un gamin de fort petite taille, d'aspect un peu malingre ; son visage, étrangement sec, apparaît bien moins qu'agréable, et sa démarche, ainsi que son allure, s'avèrent plutôt gauches et lourdes. Mais diable ! On est comme on est ! Et jusqu'à présent, l'enfant demeure en bonne santé.

Ses parents, du reste, se font une raison ; car ils observent que leur garçon compense ses désavantages physiques par une intelligence déjà vive, un pétillant esprit d'à-propos, un caractère tour à tour serein et gai.

Ce qui - selon eux - laisse augurer, pour leur fils, un avenir au moins "normal..."

Près d'Amboise, Léonard de Vinci passe de vie à trépas : il avait 67 ans [20]. Par contre, à Saint-Germain-en-Laye, il est né, le royal enfant ! Dieu soit loué, c'est un garçon : on le prénomme Henri. Plus tard, il accèdera au trône, sous le nom d'Henri II. Mais pour l'heure, sa venue comble d'aise la famille régnante ; notamment sa jeune mère, Claude (elle atteint tout juste 20 ans), et surtout son père, François 1er, qui en a 25.

Ici, à Limoges, se déroule une manifestation particulière au diocèse de la ville : celle des Ostensions. L'origine en est lointaine, puisqu'elle remonte déjà à plus de cinq siècles. En 994, donc, une terrible épidémie, dite "le mal des Ardents" ravageait la cité. Le clergé de toute l'Aquitaine se mobilisa. Le 12 novembre de la même année, les restes de Saint-Martial, le saint patron de la ville (mort depuis 146 ans), furent "levés" de leur tombeau, puis transportés en cortège, à travers les rues. Alors - dit la légende - l'épidémie cessa... Et voici que maintenant, en 1519, on établit l'usage de célébrer de telles Ostensions, tous les sept ans ; chaque fois, elles donneront lieu à une procession à la lueur des flambeaux ; on y "communiquera" avec les saints fondateurs, parmi la ferveur, la dévotion et le recueillement (21). Et à cette occasion, on vénérera Aurélien, le saint patron des bouchers de Limoges.

Dans cette patrie des Lémovices, bien plus encore qu'ailleurs, s'épanouit le nouvel essor des émaux peints.

Au sein de la cité, depuis des décennies, le prolétariat se forme, peu à peu, dans le sillage et l'ombre de la bourgeoisie conquérante. Les familles démunies ou misérables ont, en général, une nombreuse progéniture ; alors que la natalité des bourgeois et des marchands se révèle déjà plus équilibrée. Chez les humbles, les couples se forment selon les affinités ; tandis que les nantis sont tenus par la conservation et l'accroissement de leur patrimoine et, souvent, de leurs privilèges.

1520 - Du haut de ses 12 ans encore fort ébahis, le petit Jean Dinemandi regarde s'élever, pierre à pierre, voûte à voûte, la magnifique cathédrale Saint-Etienne. Dans l'enceinte du *Château*, dont les fragiles remparts comptent une vingtaine de tours et quatre portes, se trouvent plusieurs étangs, des fontaines ; et, entre autres édifices religieux, l'abbaye Saint-Martial, la basilique Saint-Sauveur. L'église Saint-Pierre-du-Queyroix jouxte *le Collège*. C'est dans cet établissement-là - où officient des maîtres hautement compétents - que le jeune Jean va découvrir et apprécier les œuvres de maints auteurs. Et d'abord, ceux de son terroir : Eble de Comborn [(22)] ; Eble II [(23)] ; Gérald de la Borne [(24)] ; Bernard de Ventadour [(25)] ; Bertrand de Born [(26)] ; Et puis les autres. Parmi eux, le "pauvre Rutebeuf" [(27)] ; Guillaume de Lorris et Jean de Mung.

Et encore, un énigmatique et savoureux poète : François de Montcorbier, dit Villon : il y a maintenant près de 60 ans qu'il s'est, tout à coup, "évanoui" dans la nature. Vit-il toujours ?

Il serait alors quasi-nonagénaire ! Mais sans doute est-il mort. Nul ne sait plus rien de lui, et n'en saura certes plus rien. Mais ses écrits, eux, demeurent. Et Jean en a appris et analysés beaucoup ; tel celui qui débute ainsi :

"*Dictes-moi où, n'en quel païs*
Est Flora, la belle Romaine,
Archipiades ne Thaïs
Qui fut sa cousine germaine (...)" [(28)].

Certes, les études théoriques passionnent Jean ; même si elles l'astreignent à des compilations, des annotations, des déductions. Il se plaît à rechercher, à déceler ; et aussi à confronter, plutôt qu'à comparer. Car il se doute déjà que "comparaison n'est pas raison".

Il prête une attention minutieuse et soutenue aux textes anciens et actuels, à condition qu'ils lui paraissent significatifs, et soient ordonnancés de manière intelligible. Son esprit s'exerce à les disséquer, les analyser ; puis il les sélectionne, avant de les retenir. Ainsi Jean cultive-t-il intensément sa mémoire.

En cet an 1523 aussi "belliqueux" que les précédents, une nouvelle péripétie politico-sentimentale agite la cour.

La cour... Ce micrososme du luxe et de la luxure ; des amitiés de circonstance ; des zèles opportunistes ; des élans encouragés, puis brisés net ; des manigances intéressées ; des complots revanchards...

Charles III, actuellement connétable de Bourbon, vient d'avoir 33 ans ; et il est veuf depuis 1521.

Pourquoi faut-il que maintenant, la mère de François 1er, Louise de Savoie - qui, elle, célèbre ses 47 étés - lui "propose" le mariage ? C'est que, de connivence avec son royal rejeton, elle nourrit une arrière-pensée très particulière...

Mais d'emblée, le connétable refuse sa main :

— Par tous les saints, Madame ! Je ne saurais vous emmener sur ma couche, et encore moins vous la faire partager avec moi !

A ces mots, Louise fulmine :

— Je ne puis, Messire, patienter sans relever un tel affront !

Et puisqu'il en est ainsi, je vous réclame, ici même et solennellement, l'héritage des Bourbons.

Le connétable s'y oppose avec force et détermination. S'il l'avait pu, il l'eût giflée, cette fielleuse !

Elle insite :

— Auriez-vous donc perdu l'esprit ? Je vous le dis une fois pour toutes : ou vous obtempérez illico, ou il vous en cuira.

Intraitable, obstiné, Charles prend brutalement congé. Las ! Il s'attire sur-le-champ, les foudres du souverain. Dès lors, sans plus tarder, il passe à l'ennemi : en l'occurrence, au service du roi d'Espagne, Charles Quint.

Grâce aux commentaires de ses maîtres, et aussi aux confidences des amis itinérants de ses parents, le jeune Dinemandi apprend, par bribes, ces péripéties de cour, anecdotiques ou non.

Mais ici, en son Limousin, il vit selon le rythme ambiant.

Quand l'envie l'en saisit, il sort, et flâne un peu, tout près de chez lui, pour se détendre. Parfois, il se fige devant quelque spectacle de plein air ; il se veut curieux de tout.

Mais sa mère prend garde à sa modeste corpulence. Alors, par temps frais ou froid, elle le hèle :

— Rentre donc ! La bise est brutale ; approche du feu !

Avide d'apprendre, de voir, de s'instruire, de rencontrer des gens, d'échanger avec eux des propos sérieux ou badins, Jean parcourt les rues de son quartier ; et les autres aussi.

Il y observe un monde coloré où, l'on croise les jongleurs ; les mendiants ; les tâcherons ; les artisans et leurs valets, les maîtres et leurs domestiques. Il y rencontre la morgue permanente de la caste des riches, et le douloureux fatalisme de la longue cohorte des pauvres. Il n'hésite pas à se mêler aux passants, dans les venelles mal éclairées des quartiers Lansécot et Manigne ; ou dans les bruissantes rues du Temple et du Clocher, le long desquelles s'affairent sans cesse les apôtres de “la belle ouvrage”, et surtout les marchands, toujours plus actifs, plus nombreux, plus puissants...

L'une de ses préférences va vers l'attirante et pittoresque rue de la Boucherie, toute chargée d'histoire et, à juste titre, auréolée d'un solide renom (29).

Au fil de cette voie étroite qui se glisse entre de hautes bâtisses, de nombreux étals exhibent, à l'air libre, des masses de viandes, des tripes, des foies, des mous, des langues et des pieds d'animaux dépecés ; luisants ou maculés de rouge, des couteaux de toutes tailles et de toutes formes s'y entrecroisent. Enveloppés dans d'immenses tabliers, les bouchers (30) vont à la fontaine, leurs seaux ou leurs seilles à la main. Tout cela flaire la charcuterie, le lard grillé, le sang cuit, les fumées âcres ou parfumées.

Et quand survient quelque pluie d'abat (31), elle entraîne dans les caniveaux tous les détritus qui jonchent la rue. Ainsi, le ciel accomplit lui-même le nécessaire ménage...

Mais Jean Dinemandi s'arroge aussi une part de la solitude, ce saint royaume où caracolent, en toute liberté, les muses et la méditation.

Or, au bout de la ville, côté nord, coule une petite rivière au nom joliment évocateur : l'Aurence [32]. Le garçon se plaît à en longer les berges, où croissent de hautes herbes, et des taillis drus et touffus. Et soudain, il s'accroupit sur un rocher couvert de mousse, sur un lit de fougères, ou bien il s'adosse à un arbre : l'inspiration lui vient, sous forme de vers qu'il note aussitôt. D'autres rimes surgissent, d'autres rythmes aussi ; dare-dare, il les recueille. Chez lui, tout à l'heure, il les relira à tête reposée, il les remodèlera sans doute ; il les peaufinera.

Et puis, il les soumettra au jugement critique de ses estimés maîtres.

L'Aurence... Le site élu de Jean ; son havre de sérénité ; la source claire et paisible où, sans cesse, se régénère son imagination bouillonnante...

François 1er ne cesse de guerroyer, notamment contre Charles-Quint. A Pavie, le voici non seulement vaincu, mais capturé. Lors de cette bataille perdue, de nombreux soldats de valeur périront : tel le fameux Jacques de Chabannes [33].

De nouveau, Louise de Savoie se doit d'assurer la régence. Adepte - elle aussi - de la "tombola des mariages royaux", personnage autoritaire, au contact réfrigérant, elle profite une fois de plus de son rôle majeur pour multiplier des intrigues et assouvir ses vengeances ; vis-à-vis, entre autres, du malheureux Semblançay [34], en 1527.

Mais foin des revers militaires et des perversions du pouvoir ! L'esprit nouveau de la philosophie continue à affermir ses grands courants : une morale laïque, indépendante de la religion ; la description d'une société collectiviste dans laquelle il y aurait plus de production et moins de travail ; l'apologie de la science, de la puissance, et aussi de l'amour...

A partir de 1526, un important courant artistique naît en France : l'école de Fontainebleau, ainsi nommée parce que son centre d'activité se situe dans le château lui-même. A la demande du roi, elle est dirigée par des artistes italiens : Dell'Abate, le Primatice, le Rosso... [35].

De manière subtile, "l'école de Fontainebleau" développe un art de cour raffiné, visant à l'apologie royale, à travers d'érudites allégories. Il constitue l'un des aspects évolutifs et originaux du maniérisme. Il se caractérise par le goût des sujets mythologiques, souvent de nature érotique ; par une prédilection pour le nu aux formes élégantes, et pour la "forma serpentina" : grande décoration (fresque et décor sen stuc) ; tapisserie ; et tous les arts appliqués qui, grâce à la gravure, connaîtront une rapide diffusion internationale qui se poursuivra jusqu'en 1560.

Le mouvement culturel s'amplifie rapidement. Dès 1527, en effet, voici la *seconde Renaissance*, oeuvres d'artistes d'origines diverses, rassemblés par les papes, et qui réalisent au plus haut degré les aspirations florentines d'universalisme, de polyvalence, de liberté créatrice : Michel-Ange, et aussi Bramante [36] et Raphaël, tous deux trop tôt disparus.

Pendant ce temps, c'est la panique à Rome, que les Impériaux mettent à sac, cette année-ci... [37].

Au fil des trois lustres écoulés, François 1er a réussi à structurer et imposer la monarchie absolue ; à telle enseigne qu'elle passe désormais pour être de "délégation divine". Le roi réunit tous les pouvoirs ; il se proclame même le "chef temporel de l'Eglise".

Et il se veut toujours plus hardi et plus novateur : en 1530, il crée *l'imprimerie nationale*. Dans les mêmes temps, il accorde une oreille attentive aux suggestions de Guillaume Budé [38] ; lequel venait de créer, précisément, la *bibliothèque de Fontainebleau*.

Philologue et helléniste émérite, Budé - 63 ans, et plein d'idées - présente alors au souverain une requête nouvelle et importante : fonder, à Paris, une prestigieuse institution d'enseignement. C'est encore l'époque où tout ce que le pays compte d'"officiers", d'agents officiels, de représentants religieux ou para-religieux, écrit, parle ou subit le latin ; alors, le roi acquiesce.

Ainsi naît le célèbre *Collège des Trois Langues* (latin, grec, et hébreux).

En cet an 1530, à Limoges, les travaux vont bon train sur la cathédrale Saint-Etienne. Commencée depuis trois lustres, voici qu'est achevée, aujourd'hui, la façade nord du transept, dite encore "portail Saint-Jean", une oeuvre de style flamboyant. Et l'on se préoccupe maintenant de la pose des vitraux.

Au sein de la cité limogeoise, penseurs et écrivains ne manquent point ! Certes, à l'instant, beaucoup conservent une audacieuse restreinte qui ne dépasse guère les frontières de la ville. Parmi de tels auteurs, on trouve les sieurs : Barry de Bourg ; Chatenet ; Chrestien ; Fougères ; Guéry ; Martin ; Mestre ; et aussi une femme : Madeleine Sautereau.

En dilettantes consciencieux, ils composent, de manière éposodique, des poésies, des fables, des historiettes à essence régionaliste, le plus souvent, mais pas toujours...

D'autres, déjà connus à bien des lieues à la ronde, se révèlent de fins lettrés, ou des érudits émérites.

Jean Dinemandi a aujourd'hui 22 ans. Aucune création de l'esprit ne lui échappe ; et il a vite remarqué le dénominateur commun à tous ces gens : de leur goût affirmé pour la culture et l'histoire de l'Antiquité, ils tirent, tous, une féconde inspiration. Le jeune homme, qui s'en réjouit fort, se fait un devoir et un plaisir de les rencontrer, les connaître mieux, et les apprécier.

Il nouera même une amitié plus particulièrement solide et durable avec deux d'entre eux : Joachim Blanchon, à la fois marchand et poète ; et puis Jean Bastier de la Péruse, auteur - à l'instant - d'un remarquable "Médée"[40].

Pourtant, Dinemandi et Bastier n'imaginent sûrement pas, ici, qu'ils se retrouvent ensemble, à Paris, dans quelque vingt ans, au cœur même de la prestigieuse Pléiade.

FRANÇOIS VILLON

Quatrain
Je suis François, dont il me poise
Né de Paris emprès Pontoise
Et de la corde d'une toise
Saura mon col que mon cul poise.

(*Je suis François, cela me pèse, né à Paris près de Pontoise ; et par la corde d'une toise, mon cou saura ce que mon cul pèse*).

Epitaphe de Villon [1]
(envoi final) : Prince Jésus, qui sur tous a maîtrie,
garde qu'Enfer n'ait de nous seigneurie :
A lui n'ayons que faire ne que soudre ;
Hommes, ici n'a point de moquerie ;
Mais priez Dieu que tous nous veuille absoudre !

(*Prince Jésus qui as sur tous puissance,*
empêche que l'Enfer ne soit notre seigneur :
n'ayons rien à faire ni à solder avec lui.
Hommes, ici point de plaisanterie,
Mais priez Dieu que tous nous veuille absoudre !)

1531 - 1540

En 1531, voici que la cour de France est en deuil : à 55 ans, la perfide Louise de Savoie vient de trépasser.

Son fils, François 1er, a 37 ans ; et son petit-fils Henri (le futur Henri II) est un gamin qui n'en a point encore 13. Mais "bon chien chasse de race". Et ledit loupiot ne manque ni de précocité, ni d'audace, ni d'ardeur.

Depuis quelques semaines, une jeune femme de 32 ans, Diane de Poitiers, est veuve de Louis de Brezé. Elle mesure vite tout le parti et l'avenir qu'elle pourrait tirer de ce sémillant garçonnet, si toutefois... On imagine aisément le dialogue inaugural :

— Souffrez, séduisante Altesse, de me posséder dès qu'il vous plaira ; et je m'abandonnerai aussitôt à tous vos caprices, fussent-ils extrêmes.

— Ventrebleu ! Mais j'y consens sur l'heure ! Sur l'heure, l'oyez-vous ? Palpez ici, sur moi, la preuve que je vous convoite.

— Je m'en empresse... Et déjà, je défaille...

— Soyez mienne, aussitôt...

— M'y voici, à l'instant ; et le Ciel veuille que je le reste, à chacun des jours de vie qu'il m'accordera !

— J'entends fort bien ; et je veillerai, ma belle, à ce que point ne s'éteigne notre envie de l'un pour l'autre, quoi qu'il advienne...

— Avec art et constance, et selon votre gré, je maintiendrai haut et ferme, votre mâle désir...

Certes ; selon qu'il s'exprime dans les alcôves soyeuses et parfumées des riches, ou sur les sommaires grabats du "vulgum pecus", le langage d'Eros diffère ; mais son but reste identique, et l'acte suggéré s'accomplit mêmement.

Donc, le projet de Diane aboutit illico. Elle est l'aînée d'Henri, de deux bonnes décennies ; elle eût pu, aisément, être sa mère.

Qu'importe : la voici - et pour très longtemps, en effet - sa permanente maîtresse.

Fût-ce par opportunisme, elle aura démenti le péremptoire adage : "Souvent, femme varie..."

Cependant, entre deux batailles, François 1er recrute des enseignants de qualité pour son tout nouveau Collège, qu'il souhaite voir rapidement auréolé d'un vaste prestige.

Toujours facétieux, le sort veut que, d'ores et déjà, l'établissement royal compte, parmi ses premiers élèves, un garçon très particulier, qui y étudie le grec, l'hébreu, et la théologie : un certain Calvin... [1].

A Paris, Guillaume Budé a pour disciple et ami, un homme qu'il estime comme "un des plus capables de faire revivre, en France, l'étude de la langue grecque" : Jacques Toussain [2].

Dès la présente année, le roi nomme celui-ci professeur de grec au "Collège des Trois Langues". Et la "haute science" de cet enseignant hors pair est vite connue de tout ce que le pays compte de maîtres et d'étudiants.

Energique, volontaire, et sans doute mû par une légitime ambition, le jeune Jean Dinemandi travaille avec acharnement et assiduité. Laborieux, passionné d'études, il s'implique corps et âme dans les choix novateurs de ses distingués maîtres. Il prend de nombreux contacts ; il recherche sans cesse les échanges fructueux, et, de préférence, francs, sincères, amicaux, avec les humanistes qui s'expriment, désormais, à travers toutes les provinces françaises. Il aime creuser des questions, et modeler ses propres réflexions.

Il a une conscience claire : "un voile épais couvre encore le sanctuaire des arts". Et si les Belles Lettres sont encore sans culture, c'est sans doute parce que "les âmes sont sans élévation, et les esprits sans énergie" [3].

Le garçon est déjà persuadé, lui aussi, que "le littérateur philosophe suit, pas à pas, la marche de l'esprit humain ; il se fait une loi, à ne jamais enfreindre, de donner des éloges aux écrivains qui, par leurs travaux, commencèrent à dissiper les ténèbres de l'ignorance et firent, les premiers, renaître l'aurore des beaux arts".

Par ses amis proches et lointains, par ses correspondants multiples et avisés, Jean se tient uniment au courant des événements sociaux et politiques ; des décisions, des actions et des entreprises du trône ; des péripéties et des manigances de la cour ; de l'évolution et des avatars de la Réforme naissante ; des guerres d'ici et d'ailleurs ; des célébrités régionales, nationales, et même internationales, qui vivent et qui meurent.

Il veut savoir qui fait quoi, où, et comment.

Il semble mesurer maintenant, avec lucidité, l'étendue de la misère ambiante, l'effrayant abîme qui sépare le sort du petit peuple, et celui des nobles et du haut clergé, louvoyant parmi leurs fastes et leurs frasques inconsidérés.

1532 - A 37 ans, Clément Marot - l'étrange et distingué "valet de chambre", d'abord du roi, puis de sa soeur, Marguerite de Navarre - publie "l'Adolescence clémentine", recueil de poésies de cour et de circonstances, aux formes traditionnelles, mais auréolées de pittoresques trouvailles.

Pour sa part, François Rabelais (38 ans) révèle son "Pantagruel". Chacun garde en mémoire ce trait vif du célèbre curé-médecin : "*la goule et le cul mesnent le monde*".

Depuis, on sait que les appétits alimentaires et sexuels sont, eux aussi, soumis à un seigneur devenu omnipotent : l'argent.

Jean Dinemandi, lui, atteint sa 24è année. Mieux encore que précédemment, il est au courant des sursauts et des convulsions de la nation, des principaux faits et gestes de la monarchie ; du flamboiement évolutif de la culture ; des avatars de cette vieille société qui, ici, se transforme ; et de l'émergence du monde juste né qui balbutie, parmi la cruauté, les tortures, et la douleur ; tout là-bas, de l'autre côté du grand océan...

Les bons maîtres de Jean sont désormais persuadés que leur excellent élève peut devenir, à la fois, un enseignant de premier ordre, et un poète renommé.

D'autres personnalités littéraires sont du même avis ; elles l'ont, du reste, explicitement déclaré à Jean : "vous avez toutes les qualités pour mener à bien, parallèlement, ces deux brillantes carrières".

Dès lors, Jean décide de se trouver un pseudonyme. L'Aurence, sa chère rivière limogeoise, se dit, en latin : Auratus. Il s'appellera désormais Jean d'Aurat, ou, plus simplement : Dorat (4).

Même en cet an 1533, le destin s'accomplit, inexorable : tandis qu'au loin, à Ferrare, l'Arioste meurt nonagénaire, un enfant prénommé Michel voit le jour dans la famille des Egquem, tout près de là, en Dordogne : au château de Montaigne.

Le fils de François 1er, Henri, vient d'avoir 14 ans. On le marie à une fillette de son âge : Catherine de Médicis (5). Ce qui ne l'empêche nullement, lui, de conserver obstinément sa maîtresse principale, Diane de Poitiers, qu'il honore depuis déjà deux ans... Outre d'autres fringantes damoiselles, de ci, de là : il les poursuit de ses assiduités jusqu'à ce que sa libido autoritaire les rattrape et les consomme. Sa boulimique sexualité ne laisse pas de ravir les unes, d'étonner les autres, et d'irriter... certains. Mais ne serait-il pas malséant d'insister, ici ?

En 1534, et alors que le voici juste quadragénaire, François Rabelais publie "Gargantua". Le cher homme parvient à la renommée. Il préconise "un bonheur selon la nature, un équilibre entre corps et esprit". Polémiste, éducateur, partisan des droits de l'intelligence et de la pensée libre, il ne se prive point de railler "les universités, les vieux raisonneurs, les mystiques, les attardés".

Mais d'ores et déjà, son oeuvre est appelée à survivre à cause, surtout, de l'épopée de son langage, dont "l'invention verbale et la richesse du vocabulaire semblent inégalées".

Cependant, en cet automne de 1534, un événement déterminant, à caractère politico-religieux, surgit au sein même de la cour ; on le dénommera "*l'affaire des placards*".

Dans la nuit du 17 au 18 octobre, à Paris et à Amboise, et jusque sur la porte de la chambre royale, le parti protestant appose un placard qui attaque, à la fois, la transsubstantiation (6) catholique, et la consubstantiation (7) luthérienne. L'auteur en est un pasteur français à Neuchâtel, un certain Antoine Marcourt.

Aveuglé par son parti-pris et ses inébranlables certitudes, ce personnage accomplit là un geste ahurissant, où l'inconscience sectaire le dispute à l'irresponsabilité fanatique.

Une telle provocation entraînera, pour très longtemps, des conséquences tragiques pour la vie de moult gens : les humbles, d'abord, et comme toujours. Car, dans quelque camp que ce soit, existe-t-il une hiérarchie qui se soucie vraiment de cette roture réputée incurable, et dont on peut, à merci, influencer, manipuler, dévoyer et exploiter les aigres ressentiments ou les permanentes misères ?

Sur l'heure, en effet, François 1er entre dans une violente colère : à ce crime de lèse-majesté, il va aussitôt répondre par de terribles représailles. Jusqu'alors tolérant envers la Réforme, il modifie de façon radicale son comportement. Après avoir confessé ouvertement sa foi catholique, il déclenche, à grande échelle, répression et persécutions que son favori Duprat inspire, encourage, attise et exacerbe. Nombre de protestants s'exilent ; à commencer par Calvin.

A Limoges, Jean - devenu Dorat - travaille toujours d'arrache-pied. Le silence et le calme des nuits limousines se prêtent à l'étude, à la méditation et à l'inspiration. Presque chaque soir, sans relâche, il compulse, apprend, note, rédige ; le front penché sur le rond lumineux chichement dispensé par les grosses bougies aux flammes obèses, capricieuses et dandinantes. Poussé toujours plus en avant par l'ange - ou le démon ! - de la poésie, il se hasarde soudain à composer des vers ; puis d'autres, et d'autres encore...

Mais le garçon ne s'en tient pas là. A la ronde, on le savait féru de langues anciennes ; on l'en découvre maintenant très ferré...

Des gens viennent, l'interrogent, le consultent. Le voici entouré de tout jeunes élèves, issus des familles aisées de la ville et des alentours, auxquels il enseigne, à travers de premiers cours initiatifs, des rudiments de latin et de grec.

1535 - L'un des deux favoris du roi, Antoine Duprat, trépasse à l'âge de 72 ans ; l'autre, Montmorency, reste fidèle au poste ; son influence déterminante se poursuivra, d'ailleurs, jusqu'en 1540.

La perversion grandissante des convictions religieuses commence à harceler Paris ; de manière encore sporadique, mais forcément meurtrière. Le clivage entre catholiques et protestants se creuse et se durcit. A l'instant, Clément Marot rencontre Calvin...

A 27 ans, Jean Dorat, lui, rencontre une jeune fille belle, douce, et intelligente : elle s'appelle Marguerite de Laval.

A l'instant même où ils se trouvent face à face pour la première fois, les deux jeunes gens éprouvent, l'un pour l'autre, une passion irrésistible, dont l'ardeur ne tiédira point.

Qu'est-ce qui plaît à Marguerite, chez ce garçon filiforme, petit, à l'allure si peu gracieuse, au maintien si peu élégant, au visage si anguleux ? D'évidence, son physique fort ingrat ne saurait guère enfiévrer les juvéniles pulsions sensuelles. Cependant, l'âme de Jean, qu'on savait déjà, alentour, généreux et noble, vient de séduire Marguerite, et de la conquérir.

Jaloux et méchants ricaneront-ils, ici et là, que Dorat est "l'homme du monde le plus mal fait" ? Marguerite ne semble point en avoir cure.

Jean affirme avoir toujours tenu en horreur les aventures passagères, les tocades fugitives, les contacts charnels sans lendemain. Mais son physique, au moins, lui aurait-il permis de les espérer ? Il avoue humblement ne pouvoir

"aimer qu'avec le cœur". Il le prouvera aussitôt à Marguerite. Il va vivre pleinement, intensément, avec elle ; mais en "union libre". A l'instant, il ne consent pas à épouser sa maîtresse.
"Qu'à cela ne tienne, hasarde celle-ci : notre amour n'en deviendra sûrement que plus vif et plus exaltant" !

Au fil des mois, la jeune femme ne cesse de déceler, chez son fidèle amant, maints autres traits de caractère : enjoué, affable, il se rend très aimable en société ; sa conversation se veut, tantôt légère sans vulgarité, tantôt sérieuse sans pédanterie ; il s'affirme obligeant, libéral et tout à fait tolérant. Il sait aussi que nonobstant les calamités et les misères ambiantes, les scabreux errements des tenants du Régime, ici et plus loin, la lumière paraît : "des esprits s'électrisent, des talents se développent" ; François 1er, le rival de Charles Quint, le vainqueur de Marignan, devient le restaurateur des arts. Du coup, le titre de "Père des Lettres" lui paraît désormais plus flatteur que celui de héros ou de conquérant [8].
Cependant , l'agréable comportement quotidien de Dorat n'empêche point celui-ci de mûrir de tenaces ambitions professionnelles et littéraires. Il envisage son avenir en n'oubliant ni l'époque où il va se dérouler, ni le lieu où il devra s'affirmer et, sans doute, s'épanouir. Il se persuade que les limites géographiques du Limousin s'avèrent trop étriquées, et aussi trop éloignées de l'unique centre des grandes décisions, à savoir : la Capitale. C'est là, et seulement là, à Paris, que sont rassemblées les conditions d'une éventuelle réussite.

A titre privé, donc, Jean continue à prodiguer, sur place, ses cours magistraux. Parallèlement, il se confie à ses meilleurs correspondants. Conscients qu'une étonnante révolution se prépare dans les cerveaux, que "le feu de l'émulation embrase tous les cœurs", il leur confirme qu'il éprouve, lui aussi, "l'énergie de cette fermentation générale" ; qu'il aspire ardemment à participer à l'œuvre de restauration des lettres ; et que Paris présenterait un “vaste champ à son zèle”.

Il entre en contact, au *Collège des lecteurs royaux*, avec le célèbre helléniste Jacques Toussain. Celui-ci accepterait volontiers de l’accueillir comme élève ; il sait déjà que Jean se révèle consciencieux, actif, persévérant, et doué d’un art didactique très prometteur ; il veut bien faire de lui, pour le moins, un pédagogue efficace.

A la fin de l’an 1537, Jean se confie à Marguerite : “J’ai le désir de Paris ; ma carrière s’y trouve, j’en ai la certitude. M’y accompagneras-tu ? Seras-tu mienne jusqu’au bout de la route” ?

Elle hésite, réfléchit, puis finit par acquiescer. Mais elle objecte, avec beaucoup d’à-propos :

— Nos avoirs réciproques s’annoncent diablement insuffisants pour soutenir pareille entreprise. Tu sais que ma propre famille nous juge en très mauvais liens ! Elle ne voudrait souffrir de nous bailler un long et bon soutien en argent ou en or !

Oncques nul ne sut que les meilleurs amants pussent ne vivre que de mots enflammés et d’eau de pure source. Lors, comment subsisterons-nous ?

— N’aie crainte, ma mie : à Paris, nous vivrons. Contre monnaie satisfaisante, je dispenserai des cours. En même temps, il me faut, encore et encore, apprendre... Nous partirons ; et ensemble.

Puis Jean annonce à sa famille son imminent exil : “Adoncques, mes excellents parents, me voici tout prêt au départ. Sans dépit et sans crainte, daignez que je m’éloigne jusqu’en la Capitale, pour y accomplir mes désirs de bien faire, bien instruire et bien éduquer ; pour y recueillir beau renom, qui vous fasse un honneur de plus, et soutienne encore mieux ma fidélité envers vous et envers notre Limousin. Je m’y conduirai en bon chrétien, sans faillir. J’y resterai sans reproche ; j’y exécrerai toute inconstance. D’ailleurs, je mène avec moi ma douce Marguerite”.

A ces mots, le couple parental n'a pu que soupirer :

— Alors, soit. Mais que, pour nous, s'enfuie promptement le couci que nous traversons, et qui nous traverse. Allez donc, tous les deux. Et que Dieu vous exauce et vous garde !

1538 - Marguerite (21 ans) et Jean (30 ans) ont débarqué dans la Capitale. Leurs bagages sont maigres, mais leurs espoirs, eux, se veulent énormes. Il faut faire face, et se mettre au travail ; aussitôt.

Sous la direction de Jacques Toussain, donc, Dorat va perfectionner son éducation littéraire. Dans ses leçons savantes et méthodiques, l'éminent professeur possède l'art d'inclure, à côté d'un habile hellénisme, ses connaissances approfondies en philosophie et en jurisprudence. Il est vrai que l'époque s'y prête : elle suscite la révélation "italienne", véritable défi propre à faire renoncer la France à des pans entiers de son passé culturel ; elle attise une exaltation esthétique ; elle dessine une fresque historique, même si l'on n'en discerne point encore, avec netteté, le trajet et l'impact.

Au fil des jours, Dorat prend le loisir de découvrir le Paris populaire, et même populacier. Il va ; il observe ; il considère. Souventes fois, Marguerite l'accompagne.

On se mêle à la vie grouillante, aux embarras gigantesques. On croise les grosses charrettes emplies jusqu'à la gueule, cahotant sur leurs roues grinçantes en bois plein, et tirées par des canassons débonnaires ou rétifs ; les chariots poussés par des manants arc-boutés sur les brancards noueux ; les moines qui, dans leurs habits de bure, prient et marmonnent en marchant ; les femmes aux vastes coiffes de toile plissée ; les drôlesses hilares, en jupons longs et drus ; les chiens errants et fébriles qui promènent leurs truffes frémissantes au ras des caniveaux pestilentiels ; les bourgeois repus, bedonnants et expansifs ; les gueux hirsutes et faméliques, trébuchant sous leurs haillons nauséabonds ; les soldats en rangs, raides sous leurs armures et leurs armes ; les traîneurs de sabre ; les nobles arrogants derrière les rideaux de leurs voitures de luxe en grand apparât, qui ne font que passer...

On hume les relents sui generis des chevaux harnachés et des mules fluettes flanquées de vastes et lourds paniers plus volumineux qu'elles ; les odeurs mêlées du crottin qui sèche, des laines qui suintent, des légumes qui fanent, et des cordes mouillées.

On contemple les marchands de victuailles qui gesticulent devant leurs étals ; les dinandiers [9] ; et aussi les cordonniers, les fondeurs, les cloutiers, les bourreliers, les rempailleurs, les drapiers, les forgerons, les tailleurs de pierre ; et encore, besogneux ou sereins, silencieux ou bavards, calmes ou fiévreux, mille petits fabricants de casques, de seaux, de boutons, d'anneaux, d'aiguilles, et de bien d'autres objets...

Et puis voici les postillons juchés sur le siège de leur diligence, en route vers quelque relais de la poste ; des passants à mine patibulaire ; le regard sournois et pénétrant des tire-laine, vide-goussets, et autres fieffés brigands de grands chemins ou de sombres ruelles, qui guettent tous, pour agir, la tombée du satané jour...

Aux marches des églises où se lovent les mendiants, vrais ou faux, on entend tinter les sébiles, et geindre des infirmes loqueteux : “Ayez pitié d'un pauvre aveugle ! S'il vous plaît... La Sainte-Vierge vous le rendra...”

Les cloches de la foi démènent grand vent et grand bruit. Elles chantent la gloire de Dieu, scandent les angélus ou sonnent le tocsin en rafales, en coups saccadés et lugubres.

Dans les estaminets, on rit, on se chamaille, on vitupère. Sous son bonnet à pointe et à boule, chaque tenancier ne sait plus où donner du gobelet. On lui crie, à tout bout de table : “Holà, tavernier ! Par le Diable encorné, verse-nous derechef une autre pinte de ton magique breuvage : celui qui nous chauffe le dedans, et nous dédouble le dehors” !

Pourtant, derrière toutes les pittoresques apparences, Dorat ne manque point de déceler les frustations contenues, l'agressivité latente, les aspirations encore floues à de nouvelles valeurs, peut-être... ; mais il reste encore un long avenir aux culs-de-basse-fosse, aux geôles suintantes, aux fers implacables, aux gibets et aux potences.

Quoi qu'il en soit, Jean reste déterminé à poursuivre ses tâches. Pourtant rien ne l'empêche jamais de se réclamer de son Limousin natal ; au contraire : "Je suis de Limoges" ! affirmera-t-il avec force, et à maintes reprises. Il en est, en effet. Et non seulement il ne l'oubliera point, mais il le revendiquera par la voix et par la plume.

1539 - Une initiative royale ne manque pas de réjouir tous les littérateurs qui oeuvrent pour la rénovation de la langue, à commencer par Dorat : édictée par François 1er, l'ordonnance dite "de Villers-Cotterets" réorganise la justice : elle prescrit l'usage du français - au lieu du latin - pour les ordonnances et jugements des tribunaux, pour les actes notariés, et pour les registres d'état-civil.

Le facétieux hasard veut qu'un personnage anticonformiste échange d'abord quelques épîtres avec Dorat : un certain Robert Breton d'Arras , professeur au Collège de Guyenne [10].

Ce bonhomme-là passe pour un "mal pensant". Il ne s'en flatte ni ne s'en offusque. On le dit immoral ; il se révèle seulement amoral.

Est-ce parce que, sur l'heure, son pays d'origine demeure sous la botte autrichienne [11] ? En tous cas, il n'y va pas de plume morte. Au fil de ses lettres, il ne donne point l'impression d'inventer des griefs : il les extirpe de l'actualité, dirait-on ; comme on sortirait un escargot de sa coquille. Son style scriptural apparaît tout de finesse, de maîtrise de soi, et d'art consommé pour la persuasion.

Tel jour, Breton évoquera, pour Jean, la stupide et dangereuse "affaire des placards", et lancera, irrévérencieux : "Ah ! Tous ces croyants-là ne sont-ils point incroyables" ?

Nonobstant ses critiques souvent acerbes, Breton évitera d'écrire, si, oui ou non, il remet radicalement en question, les deux piliers actuels de la société : la royauté en soi, et le concept religieux en tant que tel.

Cependant il propose des pistes de réflexion originales : la justice humaine sera-t-elle toujours inégale, sectaire, incompréhensive ? L'inégalité constitue-t-elle, du coup, l'essence même de toute vie sociale ?

Quant à la religion, elle n'est point amour, mais indulgence ; elle ne prêche pas l'équité, mais la charité. Ses errements temporels s'avèrent trop souvent rétrogrades et oppressifs, au point d'écraser les peuples sous une effrayante chape d'obscurantisme et de dictature aussi cruelle qu'imbécile. Sincèrement, Dieu a-t-il voulu cet ordre des choses ? Ou plutôt : ce désordre...

Breton s'insurge contre ce qu'il considère comme des anomalies, des iniquités, des bassesses ; y compris dans le domaine du coeur et de l'esprit. Lorsqu'il sait comment Dorat vit avec Marguerite, il ne peut que comprendre fort bien : "Vivre en couple, hors épousailles ? La belle affaire ! Entre deux créatures, l'union libre, loin de scléroser l'amour, l'attise et le sublime" !

Dorat imagine son atypique correspondant comme un homme au verbe incisif et nerveux, au regard mobile et à l'œil perçant, aux cheveux longs et indisciplinés ; une sorte d'insoumis, franc buveur et trousseur de jupons ; les riches craignent son langage sans détour ; les dames sont subjuguées par ses propos inouïs et sa désinvolture naturelle...

Mais Breton - cet "érudit versé dans la théorie de l'art oratoire et de la poésie" - a très vite mesuré le vaste et exceptionnel talent de Dorat. Il l'encourage, non sans le mettre en garde, quant à certains traquenards :

— A tout instant, souvenez-vous : plus l'esprit nous élève, et plus il nous harcèle, nous torture et nous déchire ; plus notre savoir s'accroît, et moins il nous satisfait. Doutez, mon ami, doutez sans cesse : seul le doute permet de distinguer les prophètes des maniaques [12]. Vous savez expliquer et convaincre. Votre poésie, elle, me rejoint fort ! Versifier, n'est-ce point d'abord prendre soin de ses pieds ? Vous y excellez ! Que l'audace vous porte, et vous hisse au plus haut !

1540 - Avec six autres disciples, Ignace de Loyola (13) avait naguère fondé la *Compagnie de Jésus*. Celle-ci vient d'être officiellement approuvée. Sous peu, ledit Ignace en sera élu "préposé général".

Pour sa part, et plus modestement, Robert Breton d'Arras publie un volume de lettres ; l'une d'elles est adressée à Dorat. Celui-ci envoie alors à son cher correspondant une pièce de vers dont il est évidemment l'auteur. Breton est enchanté ; désormais, il avoue que la poésie de Dorat fait mieux que de le réjouir : elle l'impressionne vivement. A tel point qu'il écrit alors à Jean : "*Vous êtes le premier poète lyrique de notre temps*" (14) !

1541 - 1550

Maintenant, Robert Breton d'Arras est tellement envoûté par la pédagogie de Dorat, qu'il lui soumet ses propres textes !

Cette année-ci, il lui adresse ainsi, pour examen, un manuscrit. Dorat le perd... Et, dépité, il envoie une lettre d'excuse à Breton. Celui-ci lui répond - très humblement ! - en vantant la "probité et la bonne foi de son ami Jean Dorat..."

Il est vrai qu'à l'instant, le renom de l'enseignement de Jean, empreint de rigueur, de beauté, et de "profonde science", est parvenu jusqu'à la cour. Un jour, François 1er mande Dorat, et se le fait présenter : il lui accorde une gratification, et le nomme illico précepteur de ses pages.

Sous le sceau du devoir, voici donc Jean côtoyant les gens de cour, *in situ* ; dans un dédale de murs, de portes et de plafonds somptueusement sculptés ; parmi un foisonnement de lourdes tentures ; de perles scintillantes ; de diadèmes irradiants ; de soieries damassées ; de velours tendu et de linon noué ou plissé ; de ceintures incrustées d'or ou d'argent ; de fraises soigneusement empesées ; à travers une profusion de couleurs adoucies par les pénombres, ou bien avivées par les rutilants chandeliers.

Jean aura le loisir de jauger, peu ou prou, le comportement de la cour, et d'en constater, de manière épisodique, les abus et les excès ; les haines contenues ou explosives ; les intrigues politico-libidineuses ; les moeurs dissolues et souvent cruelles ; les caprices humiliants ou meurtriers ; la morgue exaspérante des favoris. Cette cour où, si souvent, la docilité se traduit, verbalement, par le leitmotiv : "*je suis votre très humble et très obéissant serviteur*".

Néanmoins, au fil des quelque douze saisons qu'il va vivre en cette souveraine compagnie, Jean fera plus ample connaissance avec la famille royage, et surtout avec le dauphin, Henri ; lequel, du moins en apparence, lui manifestera plus que de l'estime : une véritable amitié.

Par ailleurs, en cette année-ci, un important événement international surgit : Calvin s'installe à Genève. Et dès lors, le calvinisme va très vite se répandre en Europe.

1542 - Alors qu'il est chargé de l'éducation des pages du roi, Dorat rencontre moult gens de haut rang, parfois artificiellement célèbres ou, au contraire, considérés au-dessous de leurs mérites. Curieux et intéressés, des jeunes gens, avides de savoir, viennent , observent, questionnent. Dorat leur prodigue de nombreux et fort judicieux conseils, et commence à nouer des relations d'avenir.

Parmi ces garçons, se trouve un certain Pierre de Ronsard. Il a 18 ans. Il vient d'être frappé, subitement, d'une surdité totale. Dorat s'interroge : cette navrante infirmité réussira-t-elle à tarir l'enthousiasme que Pierre met à se battre pour ses conceptions littéraires ? Etouffera-t-elle son inspiration poétique naissante ? Ou bien, au contraire, va-t-elle la décupler ? Et même, la magnifier ?

Dorat se jure d'œuvrer au maximum, et malgré l'adversité, pour que s'épanouisse, un jour, le talent exceptionnel de Ronsard ; et pour que sa surdité, cette "*forteresse invisible*", devienne finalement une citadelle invincible...

Par ailleurs, éloigné de son terroir depuis maintenant plusieurs années, Dorat l'évoque à maintes occasions, avec fierté et nostalgie. Il écrit, par exemple, qu'il est "content de la seule ville qui a été sa patrie ; que cette ville est dans l'Aquitaine, petite, dans un terrain ingrat (...) anciennement Lemovix".

Robert Breton d'Arras entretient toujours, avec Dorat, des relations épistolaires assidues. L'érudit de Guyenne connaît un ambassadeur de France : Lazare de Baïf[1]. Or, ce diplomate, actuellement en Allemagne, remplissait ci-devant, en Italie, le même rôle de représentation royal. Et il consomma, là-bas, une rencontre amoureuse qui lui laissa un fruit adorable, bien que "hors mariage..." : le petit Jean-Antoine - aussitôt légitimé par son père -, aujourd'hui âgé de 11 ans, et déjà fort déluré d'esprit. Sur l'heure, le gamin est placé chez le professeur Tusan, qui lui dispense des cours.

Breton brûle de rendre quelque signalé service à son ami Dorat. Il lui demande si l'éducation de Jean-Antoine l'intéresserait : c'est oui, bien sûr...

Sans plus attendre, Breton met en relations Dorat et Lazare de Baïf. L'affaire est rondement menée, et le diplomate ne barguigne point :

_ Vous êtes, mon cher Dorat, un précepteur idéal pour mon fils. Et je vous le confie, au plus vite.

1544 - Tour à tour grandiloquent, flatteur, magnanime, séduisant ou craint, François 1er joue sur tous les registres : pour vaincre ou convaincre ; pour conforter un absolutisme qu'il voudrait mieux que consenti : encouragé et sublimé...

Las ! Depuis "l'affaire des placards", la répression anti-protestante ne cesse de se durcir. A la détermination calviniste qui veut conquérir son droit d'exister, répond la haine grandissante de la catholicité. C'est ainsi que, soupçonné de sympathie pour la Réforme, le poète Clément Marot vivait en exil à Turin (il était accusé d'avoir, en 1535, rencontré Calvin...). Il vient d'y mourir, en solitaire, à 49 ans. Alors que, céans, Maurice Scève [(2)], quant à lui, publie "Délie".

Dorat, lui, procède donc à l'instruction et à l'éducation du jeune Baïf [(3)]. D'emblée, il avait constaté que le garçon nourrissait des dispositions énormes pour la poésie. Depuis, il s'attache à les réveiller, les fortifier, les pousser à s'exprimer, puis à s'épanouir. Avec une profonde satisfaction, il constate qu'au fil du temps, Jean-Antoine fait des progrès aussi considérables qu'imprévus.

Après un voyage en Allemagne et un séjour à la cour de Blois, Ronsard "rentre en études" ; il vient rejoindre Baïf, chez Dorat, où il rencontre un certain Rémi Belleau... [(4)].

Ronsard (20 ans) et Baïf (12 ans) vont travailler d'arrache-pied, et en saine émulation, chez leur vénéré maître :

"Ronsard, qui avait été nourri jeune à la Cour, accoutumé à veiller tard, continuait à l'étude jusque à deux ou trois heures après minuit, et le couchant recueillait Baïf qui se levait et prenait la chandelle, et ne laissait refroidir la place (...). Il demeura sept ans avec Dorat, continuant toujours l'étude des lettres grecques et latines, de la philosophie et autres bonnes sciences. Il s'adonna dès lors à faire quelques petits poèmes... Quand Dorat eut vu que son instinct le décelait à ces petits échantillons, il lui prédit qu'il ferait, quelque jour, l'Homère de France ; car Dorat a eu toujours je ne sais quoi d'un divin génie, pour prévoir les choses à venir" [5].

Quant à Baïf, fort enthousiaste, il écrira plus tard, à propos de Dorat :

"*De là, grand heur a moy, mon père me retire,* [6].
Me baille entre les mains de Dorat pour me duire ;
Dorat qui, studieux, du Mont-Parnasse avoit
Reconnu les détours, et les chemins sçavoit
Par où guida mes pas. O Muses ! qu'on me donne
De lorier et de fleurs une fresche couronne
Dont j'honore son chef. Il m'apprit vos segrets.
Par les chemins choisis des vieux Latins et Grecs.
C'est par lui que, sortant de la vulgaire trace.
Dans un nouveau sentier moi le premier je passe[7].

Cependant , sur le plan politique, cet an 1544 s'avère fort agité : Charles Quint approche de Paris ; et François 1er ne cache plus qu'il tremble pour sa puissance menacée.

Et puis, depuis dix ans, Paris - ville ardemment catholique - est ensanglantée par ces satanées guerres de religion ; avec des accès de fièvre meurtrière, des trêves calculées, des accalmies sournoises.

Dorat se trouve plongé dans une lancinante perplexité. Songe-t-il à cette profonde tristesse de l'âme humaine qui ne supporte jamais de devenir adulte ? Aspire-t-il, une bonne fois pour toutes, à ce que le catholicisme reste rapidement et définitivement, maître du terrain ?

Il hésite : ses propres interrogations le laissent dans les ennuis. Et puis, un matin, ce militant de la culture, ce combattant de l'esprit, prend sa décision. Lui qui proclama souvent : "je sers mon roi et ma foi", il mettra ce credo à exécution, de manière physique. Il n'a jamais que 36 ans ; l'âge où tous les choix sont encore possibles ; il va forcer le destin, le risque, et l'exemple. Il se dit "ami de la paix" ; par respect pour la "loi de Solon" [8] qui prescrit que tout citoyen prenne parti dans les discordes civiles, il ceint le glaive ; il troque sa plume contre l'épée. Est-ce que la sincérité de son engagement se teinterait de quelque opportunisme ? Il préfère le nier...

Dans la Capitale, l'armée royale est commandée, en ce moment, par le dauphin Henri (25 ans). Dorat ne tergiverse plus ; il abandonne tout ; provisoirement, espère-t-il : Marguerite, Baïf, Ronsard, Belleau, et les autres.

Le voici intégré à la cohorte de ceux qui guerroient, céans, sous la bannière de François 1er, et le fanion du prince Henri, qu'il connaît déjà si bien ; parmi les cliquetis de lames, les chocs de lances, les heurts d'armures, les gongs de boucliers, les hoquets tonitruants des pétoires, les arquebusades, les tirs meurtriers des couleuvrines ; au sein des ruses, des cris, des suppliques dévotes, et des imprécations haineuses.

Dorat passera près de trois ans auprès du prince Henri ; jusqu'à la mi-1547 ; et alors que le dauphin, devenu depuis peu Henri II, se trouve à Bapaume, et visite les côtes de Picardie.

1545 - Malgré les péripéties de la guerre civile de Paris, le prince Henri décide, tranquillement, d'offrir à Diane de Poitiers un somptueux cadeau : la construction, pour elle, d'un château à Anet [9]. Décidément, Henri ne sait rien refuser à sa permanente maîtresse. Mais ne dit-on pas que "le maître est parfois l'esclave de son chien" ?

1547 - Soudain, à Rambouillet, François 1er (53 ans) trépasse ; sa disparition s'accompagne, pratiquement, de la fin des guerres d'Italie, qui auront ainsi duré plus de trois décennies. Le fils du royal défunt, Henri II (28 ans), monte sur le trône ; sa maîtresse, Diane de Poitiers - encore et toujours elle - se sent plus encore valorisée. D'emblée, elle prend d'ailleurs une mesure autoritaire : elle exige et obtient que la duchesse d'Etampes (39 ans) - favorite de feu le père de son amant - quitte la cour ; puis, sans coup férir, elle s'approprie son duché ; en toute impunité, il va sans dire...

En juillet, Dorat se retrouve en congé de l'armée. Il reconnaît volontiers : "*je ne fus qu'une très petite part de la milice du prince*". Nul doute, en effet, qu'il y figura plus comme poète que comme soldat. Et pourtant, il y a reçu une blessure à l'épaule qui l'empêchera d'écrire lui-même, durant un assez long temps, et le "forcera d'emprunter une main étrangère". Du reste, cette blessure-là lui taraude autant l'âme que le corps : il en arrive à croire qu'elle est de volonté divine ; pour le punir, lui, d'avoir précédemment "déserté les autels et pris en mains les armes de Mars..."

Dorat, qui songe aux membres de sa famille limousine, apprend bientôt, avec beaucoup d'angoisse, qu'une dure épidémie de peste sévit à Limoges ; à tel point que les célèbres *Ostensions* septennales, prévues en cet an 1547, ont dû être suspendues.

A quelques semaines de là, on lui indique qu'il est nommé principal du collège de Coqueret, sur la Montagne Sainte-Geneviève. Il y transfère aussitôt les élèves qu'il avait d'abord chez lui. Sa louable frénésie d'éduquer et de versifier a repris de plus belle. Il va se consacrer pleinement à son exaltant métier ; car, malgré ses quelques années d'absence, sa réputation ne s'est nullement altérée ; bien au contraire, elle a crû de façon considérable !

Durant plus d'un lustre, Dorat se maintiendra ainsi, à Coqueret, en inspirateur fort prisé, et en enseignant efficace.

Moult et moult fois, il arpentera les salles de cours aux tables de bois patiné par le frottement des manches en laine ; aux longs bancs à dossiers luisants ; aux fenêtres étroites diffusant, en éventail, la lumière du jour ; aux escouades de grandes bougies engoncées dans leurs gaines virginales, et prêtes pour la nuitée.

Il y conversera avec nombre de collègues aux mises et aux témpéraments divers. Les uns tirés à quatre épingles : crâne presque rasé ; mine austère ; pourpoint tendu ; manteau serré. Les autres, au port et au comportement moins strict : cape flottante, visage serein entre des cheveux fous et un col de gilet incertain...

D'emblée, les jeunes gens passionnés pour les belles-lettres ont accouru ; et d'abord, ceux que Dorat connaissaient déjà : Pierre de Ronsard, notamment ; mais aussi jean-Antoine de Baïf, qui regretta fort son maître lorsqu'il en fut abandonné, en 1544. Aujourd'hui, à l'heure des retrouvailles, l'adolescent ne se tient plus de joie à se réunir de nouveau avec celui qui lui enseigna les premières règles de l'art poétique.

Le renom de Dorat s'amplifie sans cesse. Chacun s'accorde à dire qu'il est un "maître admiré" dont on peut noter l'aspiration ardente à la beauté" [10]. Certains manient les éloges au superlatif : c'est un "esprit des plus érudits et des plus critiques, un professeur incomparable" [11].

Effectivement, gai, bon vivant, généreux "sous son aspect paysan", Jean inspire à ses élèves une vive émulation, et exerce sur eux la plus grande influence.

Un exemple ? Depuis peu, le *sonnet* a été introduit dans la poésie française. Dorat conseille à Joachim du Bellay de cultiver ce genre, pour lequel il lui semble fort doué : en travaillant beaucoup, le jeune Joachim va s'attacher à prouver qu'il peut y réussir.

Par ses savantes leçons, Jean contribue puissamment à inculquer à ses disciples cet amour total de l'Antiquité, qui doit générer et accélérer une "réforme littéraire très utile". De la sorte, tous ceux qui sortent de l'école de Dorat deviennent des élites au talent reconnu. C'est pourquoi Jean est spontanément désigné comme "*le père de toute la troupe des poètes de son temps*".

Il est vrai qu'outre Ronsard, Baïf, ou du Bellay, il aura instruit des personnages tels que : Imbert, poète de Condom ; Amadis Jamin [12], poète de Troyes ; Clovis Hesteau, sieur de Nuysemont, de Blois ; Claude Dupuy, l'un des plus savants magistrats de son temps ; Blaise de Vigenère ; Belleforest ; *Belleau* ; Louis de Balzac ; Adam Blacrod (Ecossais) ; Janus Douza (Hollandais) ; Guillaume Canter, d'Utrecht ; et maints autres encore. Et puis Simeon du Boys, Henri de Mesmes ; Jean de Maledent, de Limoges ; Marillac, Vander Doès. Etc.

A la fin de 1547, Dorat n'a toujours pas épousé sa gente Marguerite. Or, voici qu'à l'instant, elle accouche de deux filles ; des jumelles. Alentour, l'événement fait grand bruit : des enfants au sein d'un "couple libre" ! Les hiérarques catholiques restent prompts à fustiger, de manière tonitruante et dure, le stupre et la fornication, l'acte lascif et le péché impur ; sauf, bien sûr, lorsqu'il s'agit d'eux-mêmes, des gens de cour, ou des sujets fortunés...

Toujours est-il qu'une procédure judiciaire se prépare à l'encontre de Jean, que d'aucuns accusent ainsi d'avoir "séduit", et même "enlevé" Marguerite de Laval. Las ! Les petites jumelles n'ayant survécu que peu de temps, les tracasseries ourdies au détriment de Dorat semblent alors, et pour le moins, suspendues ; mais le "savant professeur" sait qu'il demeure sous la surveillance discrète, et aussi constante, de l'autorité ecclésiastique aux aguets...

1548 - Un adolescent (18 ans) publie un ouvrage récurant intitulé "Discours de la servitude volontaire" ; c'est un écrit théorique qui dénonce la tyrannie... Ce jeune auteur se nomme *La Boétie* [13]. Compatriote de Montaigne, qu'il fréquente assidûment, il lui révèlera ce concept de fermeté, de maîtrise de soi, et d'austérité, qu'on appelle le "stoïcisme".

Quant à Rabelais (54 ans), il vient de faire paraître son "Quart Livre".

Avec talent et persuasion, Dorat (40 ans maintenant) a su communiquer son enthousiasme pour la culture gréco-latine à nombre de ses brillants élèves dont, à l'instant, les plus doués demeurent : Baïf (16 ans) ; du Bellay (26 ans) ; et Ronsard (24 ans, et sourd, donc, depuis plus d'un lustre).

En compagnie de ces auteurs-là et de quelques autres, Dorat avait inspiré, constitué et dirigé un groupe qui se voulait à la fois didactique et militant : la *Brigade*(14). Mais pour ambitieuse et imaginative qu'elle fût, cette excellente équipe ne parvenait pas à diffuser, d'une manière ample et retentissante, ses idées et ses réalisations littéraires.

C'est alors que - dans le domaine des Lettres, précisément - surgit un fait capital et durable qui, entre autres conséquences, va bientôt métamorphoser la Brigade.

Humaniste et traducteur, *Thomas Sébillet*(15) est rattaché à "l'école lyonnaise" ; à l'instar, notamment, de Maurice Scève et de Pontus de Tyard. En cet an 1548, il publie - divisé en deux livres - son "Art poétique français" ; plus complètement : "pour l'instruction des jeunes étudiants et encore peu avancés en la poésie". Dans ce livre, l'auteur préconise, certes, l'*étude* des Anciens ; mais il propose l'*imitation des Modernes*, tels Marot, Scève, etc.

Aussitôt, Dorat et les siens se préparent à la contre-attaque... Ils refusent qu'on défigure leur rêve poétique, qu'on le trucide, qu'on l'immole, à peine né, sur l'autel d'un conservatisme qui, sur l'heure, résiste avec obstination aux bouleversements sociaux et culturels de l'Europe.

Toutes affaires cessantes, ils vont réfuter publiquement, avec vigueur et rigueur, la thèse de Sébillet. Ce faisant, ils ne savent pas encore qu'ils ont ainsi un rendez-vous marquant avec l'Histoire ; et que leur combat littéraire ne restera point lettre morte...

A l'entrée de cet hiver 1548, au foyer de Dorat, Marguerite accouche, une nouvelle fois : c'est une fille, qu'on prénommera Madeleine(17). Mais cette fois, Jean ne prêtera plus le flanc à l'opprobre religieuse. Très officiellement, il se marie enfin avec Marguerite de Laval, le 21 décembre de cet an de grâce, devant le curé de l'église parisienne de Saint-André-des-Arcs, et - dit-on - "par sentence de l'*official* de Josas"[18].

1549 - La riposte à Thomas Sébillet s'élabore activement. Dorat et ses amis publient bientôt un manifeste donné comme le "programme de la *Brigade*", et intitulé : "*Défense et illustration de la langue française*". C'est Joachim du Bellay (27 ans) qui le signe. Mais il ne fait aucun doute que Dorat (chef de la Brigade) en est l'un des inspirateurs principaux, voire décisifs.

Dans ce document, on prend clairement le parti de cette langue française que les "latinisants" taxent de *barbare*. Pauvre, le français peut et doit s'enrichir et "s'illustrer" : par le recours aux néologismes ; par des emprunts de mots (à rajeunir alors) aux langues anciennes, aux dialectes provinciaux, et aux langage des professions. Le manifeste affirme encore que - par le difficile apprentissage du métier poétique et par "*l'imitation originale*" des auteurs et des genres antiques -, les poètes obtiendront l'immortalité dans la langue française.

Dès lors, Dorat et son équipe vont vite reconsidérer l'utilité, en termes d'efficacité, de la Brigade. Ils réfléchissent à la nature, à la forme, à la vocation qu'ils donneront à une autre structure associative, générée par la dite Brigade, mais plus créative encore ; et aussi plus combative, avec des desseins plus vastes, plus didactiques, et plus convaincants.

Cependant, à l'instant, le voile du chagrin flotte sur ce petit monde de littéraires : là-bas, à l'autre bout du pays, à Odos, en Bigorre, Marguerite de Navarre (57 ans) soeur de feu François 1er, vient de confier son âme à Dieu. Grâce à cette reine, la cour de Navarre était l'un des foyers de l'humanisme, où se côtoyaient nombre d'érudits et d'écrivains.

1550 - Un autre malheur s'abat sur le cercle des amis de Dorat : à l'instar de Ronsard, Joachim du Bellay (28 ans), est atteint de surdité ! Et ce, après qu'il ait publié, ici, son "l'Olive". De la même façon, les premières oeuvres de certains autres auteurs de talent voient le jour : celles de Ronsard, Baïf, Peletier du Mans et Guillaume des Autels. Ainsi, maints talentueux élèves du maître Jean Dorat commencent à devenir célèbres.

Jean possède un autre motif de satisfaction : l'un de ses compatriotes est devenu peintre du roi : il s'appelle précisément *Limosin*, et, en l'occurrence, Léonard 1er[19].

La famille royale, elle, s'agrandit encore : à Saint-Germain-en-Laye, Catherine de Médicis met au monde le petit Charles, second fils d'Henri II, et futur Charles IX.

A cause de ses fonctions, des nécessités matérielles, et aussi par goût des contacts humains, Dorat est maintenant un habitué - sinon un familier - de la cour : il s'y verra naturellement autorisé à tutoyer, outre Henri II, une kyrielle de princes et de princesses, encore dans l'enfance ou dans la prime jeunesse, tous enfants - légitimes ou non - du roi...

Sur l'heure, donc, les Dorat semblent comblés par le destin. Chez lui, Jean savoure le calme qu'il aime tant, et les joies de la famille, dans laquelle sa toute petite Madeleine resplendit de santé ; il peut consulter tranquillement les "beaux livres" ; en compagnie d'amis ou d'invités, il se livre à mille jeux d'esprit, avec un engouement que certains diront naïf et sincère, et que d'autres qualifieront de puéril...

1551 - 1560

En 1551, Catherine de Médicis célèbre ses 32 ans. Sa fécondité s'avère étonnante, et ses "maternités" se succèdent à cadence rapprochée. A Fontainebleau, elle vient encore de mettre un enfant au monde ; il se prénomme Henri : le futur Henri III.

En 1552, Jeanne d'Albret, reine de Navarre, épouse d'Antoine de Bourbon, accouche à son tour, dans la bonne ville de Pau, d'un fils, lui aussi prénommé Henri : le futur Henri IV...

Au cours de cette même année, la controverse entre Sébillet et l'équipe de Dorat va déboucher sur une organisation encore inédite. Après concertation entre tous les membres du cénacle animé par Jean, Ronsard avance l'idée de créer un groupe imité de la "pléiade alexandrine. Sur l'heure, Jean ne serait pas en mesure de le diriger : d'une part, son métier d'enseignant au collège de Coqueret absorbe une grande partie de son temps ; d'autre part - et selon une rumeur persistante - il y a gros à parier qu'il devra incessamment, quitter son poste actuel : ne dit-on pas qu'Henri II s'apprêterait à lui confier une autre tâche ?

Car chacun constate qu'à la cour, on se préoccupe de l'éducation de la nombreuse progéniture royale, en s'appuyant notamment sur les érudits de la "stature" de Dorat. C'est ainsi que depuis cinq ans, un humaniste aujourd'hui quadragénaire, Jacques Amyot [(1)], est le précepteur des enfants mâles (et légitimes) d'Henri II : François et Charles ; bientôt, on lui confiera, en plus, le tout jeune Henri.

N'importe : motivée par Dorat, portée par lui sur les fonts baptismaux, la Pléiade surgit... Bien que sourd, Ronsard (28 ans) en est le chef naturel. Avec lui, les premiers participants en sont : Joachim du Bellay (30 ans) ; Jean-Antoine de Baïf (20 ans) ; Guillaume des

Autels (23 ans) ; Pontus de Tuard (31 ans) ; puis Etienne Jodelle (20 ans) et Rémi Belleau (24 ans) [2].

1553 - Pour Dorat et les siens, cet an-là est à marquer d'une pierre à la fois blanche et noire...

On pleure deux morts célèbres : Etienne de la Boétie, disparu prématurément, à l'âge de 23 ans ; et puis François Rabelais (59 ans), dont on connaît déjà la plupart des ouvrages, sauf le "Cinquième livre", lequel ne verra le jour que d'ici à onze années.

La Pléiade, elle, accueille Jacques Peletier du Mans (36 ans), et Jean Bastier de la Péruse (25 ans) : ce Limousin, ami de Dorat, y adhère en juin ; mais sept mois plus tard, il repartira en province.

Un garçon de 24 ans, que les "doratistes" pensent promis à un bel avenir littéraire, publie ses "Amours" ; il s'appelle Olivier de Magny [3].

De façon tardive, en somme, Calvin (44 ans) adhère à la Réforme, et commence une vie de prédicateur à travers la Saintonge et l'Angoumois. Mais catholique ou protestant, le manichéisme religieux multiplie ses ravages.

Ainsi, en cette année-ci, un des opposants à Calvin, Michel Servet [4], a le tort insigne de s'avérer un "esprit indépendant et peu soucieux d'orthodoxie" : il est condamné à mort, et brûlé vif, à Genève ; et ce, à l'instigation dudit Calvin...

Parrallèlement, Henri II, qui règne maintenant depuis six ans, laisse développer la puissance des Guise, et combat résolument le calvinisme.

Le roi semble porter en haute estime Jean Dorat ; lequel, aujourd'hui, connaît la plupart de ses enfants ; et notamment ses trois fils promis à la couronne.

A la fin de 1553, Henri II appelle Jean à la cour : il le choisit comme précepteur de son fils naturel : Henri, duc d'Angoulême ; en même temps, Jean donnera des leçons de littérature aux trois princesses, demi-soeurs du tout jeune duc, et filles (légitimes) du roi.

Ayant ainsi quitté sa fonction précédente au collège de Coqueret, Dorat s'attelle à sa nouvelle tâche avec toujours autant de sérieux, de soin scrupuleux, et de talent. De visu, il mesure la dissolution et l'intrigue dans lesquelles barbote la cour. Mais il ne s'y mêle à aucun moment, et se consacre strictement exclusivement au rôle qui lui a été assigné. Ce qui ne lui interdit point de continuer, et à composer ses propres textes, et à traduire des oeuvres d'auteurs anciens.

De surcroît, il s'intéresse au plus près, à l'activité de la chère Pléiade, qui se veut toujours agissante, didactique, et représentative. Joachim du Bellay (32 ans) sourd depuis près d'un lustre, part à Rome, avec son oncle, le cardinal Jean du Bellay. Il quitte donc ses amis, mais il continuera à entretenir avec eux une correspondance très régulière. Quant à l'infortuné Bastier de la Péruse, il est mort depuis plusieurs mois - c'était en mai - alors qu'il atteignait à peine la quarantaine.

1554 - A la cour, Dorat assure toujours scrupuleusement sa tâche de précepteur. Mais le poste prestigieux qu'il occupe a excité les jalousies et les envies. Les cabales se forment ; "la foudre éclate et vient frapper ce sage instituteur au milieu de ses travaux" (5).

A la fin de cet an-ci, Jean se voit donc supplanté ; on le renvoie peu de temps après, sans lui accorder la moindre récompense. L'adage se confirme, une fois de plus : "la fête passée, adieu le saint" (6).

Et Jean, auquel on vient, en quelque sorte, de couper le verbe sous la langue, se laisse aller, d'abord, à une fureur bien compréhensive. N'était l'ire qui lui noue présentement l'estomac, il se réfugierait dans l'espoir d'une imminente volte-face du roi, ou de son arbitrage personnel, serein et réparateur.

Abasourdi, ulcéré, Jean ne s'explique pas le camouflet qu'on vient ainsi de lui infliger. Pourquoi une telle ingratitude ? Pourquoi pareille inconséquence humiliante ?

Sa fièvre quelque peu retombée, Jean décide de défendre son honneur et son talent, qu'il estime bafoués : après tout, n'a-t-il point mis toute son ardeur et toute sa "science" à enseigner le grec et le latin à Henri d'Angoulême, et aux trois filles du roi : Elisabeth, Claude, et Marguerite ?

Avec ténacité, il multipliera ses plaintes amères et ses fermes requêtes. Il mettra l'accent sur l'injustice de la cour. En vain ; rien n'y fera. Ses contempteurs ne désarment point. Mais qui donc prétendait qu'Henri II "aimait beaucoup Dorat", et le "comblait de ses bienfaits" ? Les caprices royaux ne donnent jamais la priorité qu'aux opportunités avantageuses, aux calculs ponctuels, aux conseils flatteurs et aux lâchetés exploitables.

En 1555, en même temps qu'il entre à la Pléiade (au sein de laquelle il remplace Guillaume des Autels), Jacques Peletier du Mans publie son "Art poétique français". Pierre de Ronsard, lui, édite ses "Amours de Marie".

La musique dite "baroque" va prendre son essor, avec ses sonorités nouvelles, et ses chanteurs encore... inouïs : venant d'Espagne, le premier *castrat* arrive à Rome ; il s'appelle Soto.

Le profond bouleversement créé par la Renaissance voudrait libérer les esprits ; dessiller les yeux ; attiser la logique qui déduit ; revigorer la raison qui développe et dessèque ; magnifier l'intelligence qui apprécie, choisit et conclut.

Néanmoins, les capitalisations de la Science et les résonances au Beau demeurent , à l'instant, modestes et lentes. L'immense gouffre d'ombres et d'ignorance laisse encore la part belle aux pseudo-savants, aux multiples charlatans de l'irrationnel : mages, devins, astrologues.

Certes : sorciers et sorcières constituent l'une des cibles préférées de la hiérarchie catholique ; laquelle les vilipende, les traque, les met à l'index, sinon au bûcher... Elle exige de tout bon chrétien qu'il écarte de telles démoniaques créatures, qu'il en soit même épouvanté : "garde-toi d'elles, de maint côté ; et cours brûler des cierges pour exorciser le méfait de leurs blasphèmes et de leurs mauvais sorts".

Pourtant, ladite église manifeste une étrange tolérance envers la plupart des oracles et des astrologues, précisément, qui pullulent dans le pays. Il est vrai que certains, se proclamant également "médecins", sont dès lors utilisés et protégés par la cour et la famille régnante. On les y mande ; on les consulte, on les écoute, et - souvent - on les croit.

Ils ne connaissent pas grand-chose. Mais ils possèdent l'art d'observer leurs interlocuteurs ; d'en déceler les désirs secrets et profonds ; d'en identifier les qualités, les défauts, les faiblesses, la mentalité et les penchants. Ils en tirent alors des conclusions, et, par voie de conséquence, des présages.

Et quand le hasard veut bien - une fois sur deux évidemment - exaucer l'augure, c'est, pour l'astrologue, un bel avenir en vue... Car, bien sûr, à la cour comme ailleurs : "petite pluie abat grand vent".

Or, voici qu'un quinquagénaire qui signe *Nostradamus* (7) devient soudainement célèbre en publiant un recueil de prédictions rédigées en quatrains, et intitulé "Centuries astrologiques". De l'avis quasi-unanime, cet ouvrage est écrit dans "un style d'une telle obscurité qu'on peut en tirer toutes les interprétations que l'on désire". Mais ne serait-ce pas précisément à cause de son contenu abscons et sibyllin que ce recueil acquerra un renom durable ? Cinq siècles plus tard, en effet, il demeurera présent, connu, et encore diversement interprété, au gré des événements, des situations, et des périodes.

Mais sur l'heure, on raconte que, subjuguée par les simagrées, les sornettes, les abracadabras de Nostradamus et de ses pareils, Catherine de Médicis se livre, elle-même, à de rituels "sacrifices", aussi cruels que sots, sur d'innocents et faibles animaux (poulets saignés, notamment ?)

Et comment expliquer qu'un homme tel que Dorat ajoute "une grande confiance" aux prédictions de Nostradamus ?

Céans, pourquoi le recueil de cet astrologue malmène-t-il, chez l'éminent latiniste, sa vaste philosophie de la connaissance, sa vivacité d'esprit pourtant fine et aiguisée, son sens de l'analyse à l'impitoyable précision ?

S'agit-il, pour lui, d'angoisses mal définies ? D'incertitudes métaphysiques ? De craintes indiscernables ? D'attendrissantes hésitations ?

Espère-t-il ainsi venger, par la pensée, le revers cuisant et injuste qu'il subit, il y a un an, de la part d'Henri II et de sa cour ? A moins que, plus prosaïquement, il croie opportun, sinon judicieux, d'acquiescer avec l'ensemble de la classe dominante. Car Nostradamus est *le* médecin attitré du jeune (et futur) Charles IX. Et d'ores et déjà, Dorat entretient avec celui-ci des relations fréquentes et prometteuses...

Quoi qu'il en paraisse, on doit se rendre à l'évidence : l'ouvrage de Nostradamus laissera une empreinte lancinante et durable dans la mémoire de Jean Dorat ; lequel, sur les Centuries du "prétendu prophète", composera non seulement un "*Commentaire latin et français* [(8)], mais encore des "*Remarques sur les sibyllina oracula*" [(9)].

Décidément, oui : les méandres de l'âme humaine seront toujours comme les voies du Seigneur : impénètrables.

Cependant, lors de cet an 1555, vogue la fascinante Pléiade, que pilote toujours Pierre de Ronsard. Plus tard, quelques exégètes noteront que cette belle compagnie aura "introduit certaines règles dans la versification, et rendu d'immenses services à la littérature française, en lui révélant l'Antiquité". Mais d'autres, acerbes ou acariâtres, avanceront que "cette imitation aura parfois été servile, et d'un caractère un peu pédantesque".

C'est bien connu : on ne saurait contenter tout le monde et son père !

Jean Dorat n'a toujours pas "admis" le fait que, récemment, on l'ait supplanté, à la cour, en tant que précepteur d'Henri d'Angoulême ; il en garde au coeur une cicatrice encore fort douloureuse.

Nonobstant cette injuste éviction, la réputation de maître et de poète, attachée à Jean, s'accroît au fil du temps.

Henri II (37 ans) nourrit-il enfin quelque remords ?

Estime-t-il plus profitable d'opérer une volte-face habilement négociée ? Il a, en effet, parfaitement conscience des mérites et du renom de Dorat : cet homme laborieux se montre "sérieux sans austérité, grave sans rudesse" ; avec sagacité, il dévoile à ses élèves le mécanisme et les beautés, l'analogie et les différences des deux plus belles langues qu'aient parlé les créatures humaines : le grec et le latin. Son jugement "sain, ferme et solide, discerne toujours le vrai ; son goût juste, sûr et délicat, saisit toujours le beau" (10).

En tout cas, dès cette année 1556, Dorat se voit attribuer une chaire au *Collège des lecteurs royaux* ; il y sera "lecteur et professeur en langue grecque". La connaissance profonde qu'il a de cette langue lui mérite, de toute façon, un tel poste. Il s'apprête déjà à remplir sa fonction avec beaucoup de projets en tête... (11).

En qualité de collègue enseignant, il retrouve, entre autres, Adrien Turnèbe (12).

Aménagé de façon fonctionnelle, ce collège-ci surpasse en espace, en volume et en clarté, celui que Dorat avait quitté : royauté oblige... A lui, les grands murs épais, les vastes baies lumineuses, les salles aux voûtes sonores, à l'acoustique bien adaptée ; et pour les veilles d'études, les torches, les chandelles, et les candélabres.

Voici donc Dorat entouré d'une multitude de disciples que la célébrité de son nom a rassemblés autour de lui.

Sa raison, insinuante et flexible, persuade tous les esprits et n'en effarouche aucun. Il s'énonce avec facilité, parle avec force, s'explique avec précision et netteté. On loue ses connaissances variées, son expérience consommée, ses moeurs demeurées pures (13). Et d'aucuns auront beau dire et beau faire : il garde, tout au long de ses cours, son franc-parler et son indépendance d'analyses.

Même Scaliger (14), ce "censeur atrabilaire"", place Dorat parmi les commentateurs les plus judicieux de son temps.

Outre des juristes - tel Marillac (15) - Jean aura donc pour élèves des gens de toutes disciplines, venus de maints horizons *européens*. A tel point que des pays étrangers se disent prêts à accueillir, chez eux, l'illustre professeur, pour qu'il y dispense ses cours. Mais, sur l'heure, Jean ne donne pas suite à de telles propositions.

Ici, chemin faisant, il reste avec ses amis de toujours. A l'instant, il prête une grande attention à l'un de ses compatriotes limousins : Simon du Boys [16]. De cet élève-ci, Dorat sera tellement satisfait qu'il le surnommera "le savant du Boys".

Et bien qu'il ne cèle point - loin de là ! - sa foi catholique, Jean garde intacte, sur l'heure, sa sympathie envers moult protestants ; à plus forte raison s'ils sont Limousins. Tel le cher Pardoux du Prat [17].

Parallèlement à son intense activité professorale, Dorat traduit les grands auteurs grecs : Virgile et les Eléjiaques ; Catulle ; Properce ; Tibulle ; Ovide. Et surtout, *Pindare* [18], qu'il révèle aux Français. Du reste, il affirmera haut et fort : "*le premier, en France, j'ai pindarizé*" !

Mais son esprit créatif et fécond ne se borne point à cela. Il introduit l'*anagramme* dans le pays, et touche à plusieurs genres : l'épigramme, le thrène [19], l'ode [20], l'églogue [21], l'épithalame...

Un de ses plus grands mérites est d'avoir su révéler, orienter et former les immenses dons de Ronsard. A l'instar de Baïf, celui-ci lui en témoignera, à maintes reprises, une dityrambique gratitude.

Par exemple, en cet an 1556, Ronsard (32 ans) publie son "Les Hymnes" [22]. Et comme le nom réputé de Dorat devient "une mine de jeux de mots flatteurs", l'auteur, dans le poème intitulé "De l'or", écrit de manière somptueuse :

"*Je ferais grande injure à mes vers et à moy*
Si, en parlant de l'or, *je ne parlais de toy*
Qui as le nom Doré, *mon* Daurat *; car cet hymne*
De qui les vers sont d'or, *d'un autre homme n'est digne*
Que de toy, dont le nom, la muse et le parler
Semblent l'or *que ton fleuve Orence fait couler.*

Cependant, les semaines et les mois s'égrènent, imperturbables sous leur perpétuelle cruauté.

En 1557, Henri II (38 ans) règne maintenant depuis dix ans. Sous l'influence de Diane de Poitiers (58 ans), son omniprésente favorite, le roi reprend une lutte longue, coûteuse, épuisante - mais ponctuée de trêves -, contre la puissante famille autrichienne des Habsbourg.

1558 : à Paris, Clément Janequin s'éteint, à 63 ans [23]. Maître incontesté de la musique profane, "compositeur ordinaire" d'Henri II, déjà célèbre dans l'Europe entière, il n'en meurt pas moins très pauvre ; tout comme il vécut...

Dans le même temps, le terrible et féroce outil répressif de l'Eglise catholique se donne un nouveau "grand inquisiteur" : Antonio Ghislieri qui, plus tard, deviendra Pie V.

Pour sa part, Dorat continue d'enseigner les lettres grecques au Collège des lecteurs royaux, et de traduire les meilleurs auteurs de l'Antiquité. Ce qui ne l'empêche nullement de s'intéresser à la vie sociale et politique, et parfois, de manière ponctuelle, à prendre parti publiquement, avec une vigueur assez inattendue.

Ainsi, il vient d'attaquer dur les protestants - en particulier ceux de Genève -, en les comparant aux "grenouilles du lac". Les agressés, qui n'ignorent pas l'origine limousine de Dorat, lui rétorquent, avec ironie : "Au Rat, au Rat de Limouzin" [24].

Dans un autre domaine, cependant, Jean ne cache pas sa satisfaction : l'un de ses plus talentueux disciples, Joachim du Bellay, est récemment rentré d'Italie. Cet homme encore jeune (36 ans), l'un des régénérateurs de le poésie et de la langue française, publie ses "Regrets" : quelque 250 sonnets composés durant les quatre années de son "exil" à Rome.

Chacun de ces textes s'apparente à une sorte de joyau, teinté de mythologie, mais aussi de mordante amertume. Et si l'auteur y chante ses souffrances et ses colères ; s'il y interpelle Dieu, le roi Henri II, des gens de cour et d'ailleurs [25], il n'y oublie surtout point ses amis de la

Pléiade : Baïf, Belleau, Jodelle, Peletier du Mans, Pontus de Tyard, et Ronsard.

Concernant son maître, Jean Dorat, il s'adresse à lui plusieurs fois, à travers ces sonnets:

"Je voy mon grand Ronsard, je le cognois d'ici,
Je voy mon cher Morel, et mon Dorat aussi (...)" (26).

Elégiades ou satiriques, ces "Regrets" conserveront, par delà les ans, la fraîcheur d'un style original, et même une mystérieuse et symbolique actualité...

Beaucoup plus tard, un critique averti (27) dira que "de tout ce grand nombre de sonnets divers qui parurent dans le 16ème siècle, il n'y a que ceux de du Bellay qui aient forcé le temps". Paroles prémonitoires, en effet : des générations d'écoliers ont dû apprendre - sinon retenir en totalité - au moins l'incontournable "*Heureux qui, comme Ulysse...*", par ailleurs très souvent pastiché ou parodié par les chansonniers, les humoristes ou les polémistes, au gré ou à la faveur d'événements, ici, de faits divers, ailleurs.

Dorat ne cesse de s'attirer d'autres amitiés ; beaucoup se révèlent, bien sûr, fugaces et intéressées ; mais certaines, très solides, défieront le maudit temps qui passe. Ainsi, il aura l'occasion de rencontrer souvent Pierre de Bourdeilles (28), un homme de sa région.

Mais il conservera, avec Scévole de Sainte-Marthe (29) , un autre voisin, de son "petit pays", des relations privilégiées ; car tous deux ont "les mêmes inclinations" ; et chacun confie régulièrement à l'autre ses sentiments et ses états d'âme.

Le règne troublé des Valois n'en finit pas de serpenter entre intrigues, calculs hasardeux, chassés-croisés moins sentimentaux que stratégiques.

Cet an 1559 lui apportera son lot de contraintes, de deuil et de déboires.

Au printemps, à Cateau-Cambrésis, Henri II met les bouchées doubles : le 2 avril, il signe la paix avec l'Angleterre ; le lendemain, 3 avril, il fait de même avec

Philippe II [30], roi d'Espagne ; *cet accord met fin* - officiellement, cette fois - *aux guerres d'Italie.*

Le roi de France n'en reste pas là ; sur sa lancée, il "organise" deux mariages qu'il espère bénéfiques. Il fait en sorte que sa propre soeur - Marguerite de France [31], qui vient d'avoir 36 ans - épouse Emmanuel Philibert, duc de Savoie.

Là-dessus, Philippe II d'Espagne (32 ans) lui demande la main de sa fille, Elisabeth (14 ans), pour son fils à lui, le tout jeune don Carlos. Finalement, c'est Philippe II lui-même qui - vertudieu ! - épouse l'adolescente Elisabeth [32].

Le 10 juillet, deux jours après le mariage de Marguerite de France, un drame majeur survient : au cours d'un tournoi contre Montgomery, le roi est tué (involontairement, affirme-t-on) d'un coup de lance.

"Le dessein de Dieu vient de s'accomplir". Voici donc l'avénement de son fils aîné : François II. Il n'a que 15 ans ; et il est marié, déjà, avec Marie Stuart. Dès lors, ce sont les oncles de celle-ci - les Guise - qui vont aussitôt, et dans la pratique, gouverner le pays.

1560. Dans le domaine musical, l'âge d'or de la polyphonie s'épanouit. Musiciens bourguignons et franco-flamands s'expriment dans la messe, le motet, le madrigal, le psaume, le choral [33] ; leur maître est Jesquin des Près ; mais Janequin aura assuré la prédominance de la chanson française.

Le pillage de Rome a, certes, provoqué la dispersion des artistes. Mais partout, en Europe, s'impose le vocabulaire de la Renaissance, avec ses versions régionales souvent pittoresques.

Ici, les Guise détiennent donc le pouvoir réel. Persécuteurs des protestants, ils répriment avec cruauté la conjuration d'Amboise [34], en mars.

Et soudain, la cour de France se retrouve contrainte à affronter une tenace adversité : à son tour, François II meurt. Son frère, devenu ainsi Charles IX, n'a que 10 ans. C'est donc la reine-mère qui, de nouveau, devient régente. Aussitôt, ladite Catherine de Médicis nomme Michel de l'Hospital, chancelier de la France. Au même moment, Diane de Poitiers (61 ans) rend l'âme : la favorite d'Henri II n'aura guère survécu à son royal amant de toujours.

Dorat, lui, va de chagrin à plaisir. Son ami Etienne Jodelle (28 ans), poète éloquent, esprit ouvert à tous les arts, et, de surcroît, excellent manieur d'armes, tombe en disgrâce [35].

Mais encore, et surtout, voici que l'un des plus brillants élèves de Jean, "le poète le plus délicat et le plus artiste, peut-être, de la nouvelle école", quitte ce bas-monde : Joachim du Bellay (38 ans), malade et sourd, a vécu.

Cependant, le tout jeune Charles IX connaît bien Dorat, il se plaît à lui entendre raconter des anecdotes que celui-ci dit "avec beaucoup d'agrément". En outre, il nourrit la plus haute estime pour la science et le talent du célèbre limousin. Il est vrai que, désormais, la cause est entendue : avec brio, Dorat a entrepris de "débrouiller le chaos littéraire, de féconder le génie et d'épurer le goût ; ses leçons et ses écrits sont parmi ceux qui contribuent le plus à opérer cette révolution" [36].

Ses cours ne développent jamais que de vrais principes ; ses textes offrent presque toujours de bons modèles.

Pourtant, Jean n'aura pu réaliser aucune économie sur son traitement du Collège royal : les enseignants qui y sont attachés touchent cette rémunération très irrégulière ; de surcroît, les monarques successifs le réduisent, parfois ; en prétextant, bien sûr, la "misère des temps", et les urgentes "nécessités du trésor..."

Sans se lasser, tous les états voisins de la France multiplient leurs efforts pour attirer Jean chez eux ; mais celui-ci reste de marbre. Quel dessein nourrit-il ? Pense-t-il qu'il vaut décidément mieux être le roi chez soi, plutôt que le prince, outre-frontières ? Espère-t-il que céans, et de manière définitive, justice sera rendue à ses propres mérites

Récemment, au moyen d'une épître latine [37], il avait exposé, une nouvelle fois, ses revendications, et réévoqué le dommage considérable qu'il subit - de 1554 à 1556 - après qu'il fût évincé de son poste de précepteur du duc d'Angoulême. Et dans cette lettre, Jean se plaît à exagérer, avec une candeur feinte ou réelle, l'importance de ses pertes :

"Pourquoi le jour où je me suis laissé entraîner à la Cour, n'a-t-il pas été le dernier de ma vie ?

"Riche de peu, content de peu, j'avais de quoi assurer à ma famille le pain de chaque jour ; ma profession, ci surtout l'infatigable activité avec laquelle je l'exerçais, me permettaient de gagner ma vie, et la jeunesse me rendait tout facile.

"Aujourd'hui, accablé d'infirmités et de chagrins, j'ai oublié mon art en cessant de le pratiquer et je me sens incapable de supporter le fardeau du travail. Faible, malade, je ne sais qu'adoucir mes maux par mes plaintes, si tant est que les plaintes adoucissent les maux...

"Je n'ai plus la maison que j'avais appropriée à mes études, mon mobilier a été détruit ou volé pendant mon absence[38].

Où prendrai-je de quoi m'en acheter un pareil ? J'avais jadis des disciples d'un haut mérite ? Où les retrouver ? Où retrouver aussi le nom glorieux que je m'étais fait dans la ville (...) ?

Une telle épître ne rencontra guère, en haut lieu, l'écho favorable que souhaitait Jean. En cette fin de 1560, il continue, bon gré mal gré, d'enseigner le grec, au sein du Collège royal.

XXXI

Heureux qui, comme Ulysse, a fait un beau voyage;
Ou comme cestuy là qui conquit la toison,
Et puis est retourné, plein d'usage et raison,
Vivre entre ses parents le reste de son aage!

Quand revoiray-je, helas, de mon petit village
Fumer la cheminee, et en quelle saison
Revoiray-je le clos de ma pauvre maison,
Qui m'est une province, et beaucoup d'avantage?

Plus me plaist le sejour qu'ont basty mes ayeux,
Que des palais Romains le front audacieux:
Plus que le marbre dur me plaist l'ardoise fine,

Plus mon Loyre Gaulois que le Tybre Latin,
Plus mon petit Lyré que le mont Palatin,
Et plus que l'air marin la doulceur Angevine.

CXLIX

Vous dictes (Courtisans) les Poëtes sont fouls,
Et dictes verité : mais aussi dire j'ose,
Que telz que vous soyez, vous tenez quelque chose
De ceste doulce humeur qui est commune à tous.

Mais celle-là (Messieurs) qui domine sur vous,
En autres actions diversement s'expose :
Nous sommes fouls en rime, et vous l'estes en prose :
C'est le seul different qu'est entre vous et nous.

Vray est que vous avez la Court plus favorable,
Mais aussi n'avez vous un renom si durable :
Vous avez plus d'honneurs, et nous moins de souci.

Si vous riez de nous, nous faisons la pareille :
Mais cela qui se dit s'en vole par l'oreille,
Et cela qui s'escript ne se perd pas ainsi.

CLXXIX

Voyant l'ambition, l'envie et l'avarice,
La rancune, l'orgueil, le desir aveuglé,
Dont cest aage de fer de vices tout rouglé
A violé l'honneur de l'antique justice:

Voyant d'une autre part la fraude, la malice,
Le procez immortel, le droit mal conseillé:
Et voyant au milieu du vice dereiglé
Ceste royale fleur, qui ne tient rien du vice:

Il me semble (Dorat) voir au ciel revolez
Des antiques vertus les escadrons ailez,
N'ayans rien delaissé de leur saison doree

Pour reduire le monde à son premier printemps,
Fors cette Marguerite, honneur de nostre temps,
Qui, comme l'esperance, est seule demeuree.

1561 - 1570

Voici venue une année riche en symboles tour à tour encourageants et inquiétants.

On est encore bien loin du siècle des Lumières ! Même si, sur l'heure, les grandes ténèbres s'affadissent peu à peu, et se font moins épaisses ; même si, à travers elles, percent déjà, de plus en plus nombreux, des rais de clarté vive et pure.

Ainsi,Maurice Scève publie son "Microcosme" [1]. Au Collège royal, Dorat prend connaissance, avec beaucoup d'intérêt, d'un ouvrage en quatre volumes qui propose une critique éloquente et impitoyable des abus et des vices de la présente époque. L'auteur est précisément un Limousin, et Dorat s'en trouve plus encore comblé d'aise ; il se nomme Joachim du Chalard [2].

Et son oeuvre "explosive", parue à l'instant, brosse un tableau saisissant des misères du peuple, à travers lequel sont dénoncées, avec virulence, les injustices de l'ordre établi. Chalard n'y épargne rien, ni personne, pas plus que l'Eglise, l'administration ou les moeurs. "De quoi réjouir et réconforter, se demande Dorat, tous les esprits libres d'aujourd'hui" ?

Et pourtant... La cruelle collision de la foi aveugle et de l'ignorance oppressive parce qu'angoissée, ne désarme guère. Eminence grise du trône, la dévotion - sincère ou simulée - devient, ici, l'outil de la soumission et de la domination, éternelle ambivalence de la nature humaine.

Ainsi, en cet an 1562, Charles IX est censé régner depuis quelque vingt-quatre mois. Mais il n'a encore que 12 ans ; et c'est donc la reine-mère qui, revenue "aux affaires" dès la mort prématurée de François II, assure officiellement la régence du royaume.

Les Guise ne lâchent pas prise pour autant, leur prétention affichée, à sauvegarder la suprématie autoritaire et intangible du catholicisme, masque en réalité une terrible lutte pour le pouvoir, que chacun croit affaibli tant qu'il est aux mains de Catherine de Médicis. Et voici le pays livré au pillage de bandes qui multiplient les tortures, les massacres et les assassinats.

Ce 1er mars, et sans crier gare, Henri de Guise fait anéantir la population protestante de la petite cité de Wassy, en Haute-Marne [3]. Désormais, le violent antagonisme interne de la chrétienté prend une nouvelle dimension. Les bagarres ponctuelles, les batailles localisées, vont déboucher sur la phase paroxysmale du sempiternel conflit : les véritables guerres de religion.

A Paris, notamment, la guerre civile et la peste ont mis en fuite, entre autres, les étudiants et leurs professeurs ; ceux-ci ne sont d'ailleurs plus payés depuis près de trois ans ! Dorat est parmi eux... Il ne pourra regagner sa chaire qu'en décembre de la même année.

1563 - Face à l'incessant et dangereux affrontement religieux, la famille royale se voit contrainte de "naviguer à vue". Dans un louable but d'apaisement, la régente - Catherine de Médicis - fait promulguer *l'édit d'Amboise* ; lequel accorde une amnistie aux protestants, et la liberté de leur culte ; mais dans certaines limites territoriales...

En octobre, Dorat reçoit un hommage flatteur : Lambin édite un ouvrage de plusieurs volumes, intitulé "*Lucrèce*". L'ensemble est dédié au jeune Charles IX, et chaque tome à un des amis ou collaborateurs dudit Lambin : l'un, à Ronsard ; l'un, à Muret ; un autre, à Turnèbe ; et "l'un des plus beaux", à Dorat.

Cependant, là-bas, à Limoges, le père de Jean s'est éteint, plus que septuagénaire...

C'est l'époque où un humaniste limousin de 40 ans [4], Marc-Antoine Muret, enseigne à Bordeaux ; et il eut Montaigne comme élève.

Au Collège royal, Jean poursuit sa tâche. D'aucuns diront que lui et Jacques Cujas [5] ont tous deux "un talent extraordinaire pour corriger et rétablir, en leur entier, les bons auteurs grecs et latins" ; et qu'il "n'y avait personne qu'eux, d'entre les savants, qui fussent capables de cela".

La fille de Jean - Madeleine, 18 ans aujourd'hui - est non seulement une ravissante créature, mais elle s'affirme aussi comme érudite très précoce : elle sait déjà très bien le latin, le grec, l'espagnol et l'italien. Elle va bientôt, dans ces diverses langues, composer plusieurs opuscules...

Evidemment, au fil de ses études, de ses rencontres et de ses fréquentations, la jeune Madeleine ne manque ni de fébriles soupirants, ni de prétendants exaltés. Sa séduction physique et intellectuelle fit chavirer bien des coeurs, et s'exciter bien des désirs. Madeleine ne céda jamais à la moindre avance. A tel point qu'alentour, elle passe toujours pour un modèle de vertu invulnérable...

1567 - En dépit des accords et des édits, les guerres de religion se poursuivent : Anne, duc de Montmorency, trouve la mort à Saint-Denis, en livrant bataille aux protestants dirigés par Condé.

Dorat, lui, tente de faire le point sur lui-même. A 59 ans, il promène son front large et découvert, son cheveu ras et grisonnant, sa fine barbe en collier au poil épars, plus dru sous le menton, et son visage amaigri, déjà fort ridé.

Madeleine, sa fille si merveilleuse de beauté et d'intelligence, s'apprête à prendre pour époux un humaniste de 18 ans son aîné, qui possède une profonde connaissance du grec et du latin : Nicolas Goulu [6]. Lequel bénit le Ciel de lui accorder cette chance et cette grâce.

Certes : l'éducation passe, à l'instant, pour le premier des Arts. Pourtant, Dorat s'avoue désormais fatigué de ses fonctions de professeur au Collège royal. Et pourquoi faut-il, maintenant, qu'il se jette à corps perdu dans les querelles religieuses et politiques de plus en plus sanglantes ?

Dès ce mois d'août-ci, il adresse à Charles, cardinal de

Lorraine, un long manifeste en vers latins - “le Décanat” - qui attaque violemment Pierre La Ramée, lecteur royal depuis 1551, et l’accuse, entre autres, d’impiété et d’hérésie.

Dans la foulée, Dorat se démet de sa chaire, en faveur de son futur gendre, Goulu ; lequel est breveté par le jeune Charles IX (17 ans), dès le 8 novembre de cette même année.

1568 - Madeleine Dorat et Nicolas Goulu sont mariés. Jean abandonne à son gendre “la moitié” de sa maison, (que fréquentent maints amateurs de poésie) sise “hors la porte Saint-Victor, à l’enseigne de la Fontaine”.

Pourtant, de mois en mois, l’illustre Limousin semble bien perdre sa bonne humeur et sa sérénité proverbiales. On dirait que son charmant caractère s’aigrit quelque peu : A quoi cela est-il dû ? A son âge (Dorat est déjà sexagénaire) ? A ses soucis financiers, liés aux manquements royaux ?

Naguère, à propos d’une “humble demeure” qu’il possède à Limoges, et qui fut ravagée par les troupes du souverain, il s’était plaint à Charles IX ; et celui-ci avait finalement consenti à faire réparer les dommages.

Une autre fois - alors que, comme pour ses collègues, ses rémunérations officielles ne lui étaient versées que de manière chiche et fort épisodique - il adressa une autre réclamation. Cette plainte-ci fut noble, par son excès même. Le poète sollicite une “pension, non en courtisan, mais en homme qu’on prive d’une récompense légitime” :

> *(...) “Rien ne m’est accordé pour soulager ma vieillesse, mettre ma famille à l’abri de la faim et empêcher la chute imminente de ma vieille maison....*
>
> *“Si vous l’aviez voulu (et vous auriez dû le vouloir), il vous aurait été facile de me secourir...*
>
> *“Un mot pouvait me sauver ; que peut-on faire de moins que de dire un mot ? Nous*

savons quel pouvoir il aurait eu auprès du Roi. "Les services que j'ai rendus chez vous méritent bien la récompense que vous donnez à un palefrenier ; accordez-moi une petite pension... ce que deux de vos serviteurs ont obtenu, que je l'obtienne à mon tour".

Un événement met toutefois un peu de baume au coeur de Dorat, en cette même année : la naissance, dans son foyer, d'un nouvel enfant ; un garçon qui sera prénommé Louis.

Quelles que puissent être ses faiblesses, ses hésitations, sa soumission aux volontés de la reine-mère, le jeune Charles IX (18 printemps en cet an 1568) semble - bien plus que feu son père, Henri II - être fidèle en amitié. Depuis longtemps, donc, il connaît, fréquente et admire Jean Dorat. Il pense que celui-ci réunit les charmes de la bonté qui inspire l'estime durable ; il apprécie son humeur égale, que rien n'altère, et son excellent caractère, que rien n'irrite[(7)].

Maintenant que, lassé, le "sage professeur" s'est démis de ses fonctions au Collège royal, Charles IX vient à sa rescousse : aussitôt, il le choisit et le pensionne comme poète royal, "lecteur ordinaire, et interprète des langues latines et grecques". Ainsi, parvenu au faîte de sa renommée, Dorat va pouvoir continuer à composer, à créer, et même, parallèlement, à dispenser des cours très recherchés par des générations d'autres élèves, ici et là. En tous cas, c'est ce qu'il espère ; mais il n'est pas au bout des peines...

Car le sanglant affrontement religieux n'en finit guère. Le 13 mars 1569, le duc d'Anjou (18 ans), futur Henri III, remporte à Jarnac (en Charente) une victoire sur les troupes protestantes du prince de Condé, d'ailleurs tué au cours de la bataille.

A Moncontour (près de Châtellerault, dans la Vienne), le même Henri vainc l'armée protestante de l'amiral Coligny, qui est presque anéantie[(8)].

Et voici qu'après l'avoir, jusqu'alors, épargnée, la satanée guerre civile se transporte à Limoges ; c'est encore Henri qui y commande l'armée royale.

L'amiral Gaspard de Coligny

Jean Dorat, qui cultive une intense nostalgie et un amour sans faille pour son Limousin natal, se fait soudain un souci d'encre : il songe aux siens, restés là-bas, dans la "cité des Lémovices" ; et il craint pour leurs vies.

Dès lors, il ne cesse, par écrit, d'alerter le prince Henri. Par l'intermédiaire du seigneur Carnavalet, il le sollicite ardemment :

"(...) Puisse *ma mère* être recommandée à tes soins ; aie le cœur de la protéger elle aussi (...) Si ma mère périt, si *mes frères* et, pareillement, *mes sœurs* périssent, mal protégés par les faibles remparts de Limoges ? Sauve-les donc (...) ; fais en sorte qu'il me reste un foyer dans la ville *paternelle* [(9)].

Ou encore, il demande, en latin, au prince :

"Ici, la maison de Dorat, maison modeste, mais connue du peuple *limogeois*, que la colère de tes soldats l'épargne ! Pour que le soldat l'épargne, ordonne qu'on fixe, à son entrée, ces mots : voici la maison de Dorat, j'interdis qu'elle soit violée" !

Une autre fois - et toujours en langue latine - il s'adresse à Henri, au moyen de vers dont voici le sens :

"Pendant que tes armes protègent les *Limogeois* dont le loyalisme reste sans changement, je te recommande le nom chéri de ma patrie qui, sans être coupable envers toi d'aucune action injuste, craint de périr par le crime des "quadrupleurs" *(10)*.

Que n'a-t-il ajouté, ici, la formule imprécatoire et fataliste des ruraux de son terroir, écrasés d'impôts : "payo, païsan ((paie, paysan !)

De nouveau, voici un "accord" d'armistice : le 8 août 1570, Catherine de Médicis, la régente, signe "la paix de Saint-Germain" (en Laye), qui mit fin, en principe, à la "3ème guerre de religion". Une fois de plus, les protestants sont amnistiés : on leur accorde la liberté de conscience et de culte : ils sont admis à tous les emplois publics ; on leur attribue des places de sûreté : La Rochelle ; Montauban ; Cognac ; La Charité. Mais, comme les précédentes, cette paix n'aboutira pas [(11)].

Plus tard, après que Limoges ait retrouvé ainsi un calme relatif, Dorat enverra à Henri le "Paean ou Hymne de Victoire", en français, latin et grec ; on y lit, entre autres :

"Et mon pauvre pays Limoges, de misères
Par toi deux fois sauvé, te doit deux chapelets
De couronne civique, et deux chants nouvelets
Son poète natif sur tes triomphes braves".

Le prince Henri lui dira alors : "Ha! n'écrivez point rien désormais pour moi ; car ce ne sont que toutes flatteries et menteries de moi, qui n'en ai encore nul sujet d'en bien dire ; mais réservez tous ces beaux écrits, et tous vous autres messieurs les poètes, à mon frère [12] qui ne vous fait que tous les jours tailler de bonne besogne".

Dorat est l'un des poètes qu'Henri aime le plus. Ses poètes préférés ? Le prince les récompensait, non pas tout à coup, mais "peu à peu, afin qu'ils fussent toujours contraints de bien faire, disant que les poètes ressemblaient aux chevaux, qu'il fallait nourrir, et non pas trop saouler et engraisser, parce qu'après, ils ne valent rien plus".

Témoin, lui aussi, des fanatismes, des antagonismes, des turpitudes environnants, Dorat commence à douter sérieusement d'une éventuelle perfectibilité de la nature humaine.

Et puis, un malheur succédant aux autres malheurs, une déchirante nouvelle lui parviendra, bientôt, du Limousin : sa maman, octogénaire, a quitté ce bas-monde...

1571 - 1580

Les temps se révèlent de plus en plus difficiles. Pour gagner leur vie, que ne faut-il que fassent Dorat et ses pairs !

De manière ponctuelle, ils composent des vers de circonstance ; ils créent des inscriptions publiques ; pour quelques monuments, et même à l'occasion de brèves cérémonies officielles.

En mars 1571, on publie, en haut lieu :

"Ces vers et les suivants furent faits, à la prière de Messieurs de l'Hôtel de Ville, par les sieurs de Ronsard et Dorat (...), poètes très doctes et excellents ès langues grecque, latine, et française. Ce furent, de plus, les mêmes qui ordonnèrent (...) la plupart de toutes ces inventions et mystères" !

Puis on indique, à la suite, les sommes reçues par les deux poètes, en rémunération de telles prestations :

"A maître Pierre de Ronsard, aumônier du Roy, la somme de 270 livres tournois, à lui ordonnée par Messieurs de la Ville, sur les inventions, devises et inscriptions qu'il a faites pour les entrées du Roy et de la Reyne.

A maître Jehan de Dorat, poète du Roy, la somme de 29 livres tournois, à lui ordonnée pour avoir fait tous les carmes grecs et latins mis tant sur les portiques, Théâtres, arcs triomphants, que sur les colosses qui ont été dressés, et avoir participé aux inventions, même à l'ordonnance de *six figures de sucre* qui furent présentées à la *collation de la Reyne*".

Décidément, oui : même pour les plus grands, il n'y a guère de petite besogne...

A Limoges, la construction de la cathédrale Saint-Etienne se poursuit avec assiduité, soin et méthode.

Hélas ! Voici qu'au cours d'un violent orage, la foudre en détruit la fine et belle flèche [1].

Cependant, à Paris, Dorat - auquel ce regrettable incident sera rapporté - n'a guère le loisir ou l'envie de le commenter : sa propre santé paraît sérieusement s'ébranler. Un mal, encore indéfinissable, lui pénètre le corps et l'esprit. Sa mine devient pâlotte et désagréable ; il se montre taciturne, introverti, irascible. Sans doute ressasse-t-il, avec amertume ce dont il est pourtant convaincu depuis longtemps : "santé passe richesse".

Chez ceux qui le côtoient par obligation, il en est qui le dépeignent, à l'instant , sans la moindre aménité. Selon eux, il a soudain bien changé, ce Dorat qui, dans ses œuvres, "parle de lui avec complaisance, et donne de minutieux détails sur ses "études et sur ses affaires" !

Aujourd'hui, messires, qu'en est-il ? "Sa figure a quelque finesse, mais cette finesse est subtile et prétentieuse ; sa physionomie exprime une fermeté plus voisine de l'entêtement que de la résolution. L'expression générale est d'ailleurs d'une placidité qui étonnerait si l'on ne surprenait en même temps, sur ce visage, une certaine étroitesse d'esprit plus implacable que la cruauté [2].

Voilà une description on ne peut plus charitable...

Au cours du présent automne 1571, Jean va atteindre sa 63ème année. Brutalement, son état de santé, déjà Chancelant, se dégrade de manière terrifiante. Mandé de toute urgence, son médecin habituel, Philippe Valeran, diagnostique une de ces fièvres encore fort mystérieuses [3], gravissimes, et presques toujours mortelles...

Valeran s'avoue très pessimiste ; il voit ainsi son illustre patient amené aux portes du tombeau ; bien sûr, il va tout tenter pour le sauver ; même le désespoir peut faire vivre... Dorat, lui, ne se fait plus aucune illusion, sur sa propre fin, qu'il pense imminente.

Au début de 1572, et contre toute attente, Jean se rétablit ! Son médecin lui-même en demeure ébahi.

Du coup, pour Dorat, le tonus revient au galop, le goût de la vie reprend le dessus, et l'inspiration bouillonnante aussi.

A qui doit-il pareille résurrection ? Au Ciel, d'abord, se dit-il. Et il compose alors une ode latine "pour remercier Dieu" de lui avoir permis de recouvrer la santé.

Mais il y a aussi l'indéniable habileté de Philippe Valeran, que Jean n'a d'ailleurs toujours pas rémunéré pour son miraculeux service. Il rédige donc, en vers, une épître à son médecin, pour le remercier vivement des bons soins que celui-ci lui prodigua. Cette lettre-là est censée "payer" une partie des honoraires dudit praticien...

Car Dorat a une idée derrière la tête : il compte bien profiter de la conjoncture pour récupérer peu ou prou, au moins une fraction de ce dont le pouvoir royal lui est redevable en espèces sonnantes et trébuchantes.

Dans une missive longue et circonstanciée, Jean va donc demander à l'incontournable Carnavalet - encore lui - de "faire mieux" : c'est-à-dire de régler lui-même, et sur les fonds publics, le reste dû à Philippe Valeran ; et ce, par livres ou par écus...

Et comme pour renforcer son argumentation, Jean rappelle également, dans cette requête, que la cour lui promit, naguère, de lui verser bientôt certains arriérés de traitements et de pensions ; or, rien ne lui en parvint jamais ; ce ne sont plus, il le craint, que vaines espérances.

Il en rajoute, en exagérant un tantinet :

— Quand bien même on m'eût versé les sommes qui me sont dues, ainsi, depuis longtemps, celles-ci n'auraient pas empêché les miens - si j'avais succombé - de mourir de faim.

Bon an mal an, la vie continue, avec ses joies et ses peines, ses bonheurs et ses angoisses.

Parmi ceux qui ont l'occasion d'approcher souvent les Dorat, d'aucuns notent, avec surprise, la sollicitation permanente et minutieuse dont Jean entoure les membres de sa famille : un tel comportement leur paraît assez rare pour être relevé, et rapporté.

D'une manière plus générale, Jean exècre - dit-on - "ceux qui troublent le genre de vie qu'il a prévu" ; et même ceux qui le dérangent un tant soit peu seulement...

Et certains verront là un des motifs propres à expliquer le comportement de Dorat dans la tragédie historique qui va marquer cet an 1572.

Tandis que, patiemment, s'élabore une morale humaniste, issue à la fois de l'enthousiasme de Rabelais et du scepticisme de Montaigne, les antagonismes religieux perdurent et s'exacerbent. Feutrée ou criante, la violence préside à tout. Et déjà, entre frères ennemis de la chrétienté, s'engage une véritable lutte pour le pouvoir politique.

Charles IX (22 ans aujourd'hui, en 1572) règne ; mais chacun sait que Catherine de Médicis conserve sur lui une énorme influence.

Et cet été-ci s'annonce brûlant, tant à la cour qu'à travers la Capitale. Le complot officiel se prépare. Pour la famille royale, les protestants représentent désormais une puissance capable de tenir tête à la monarchie ; peut-être même de la supplanter.

Dans un premier temps, on projette, en haut lieu, de faire assassiner l'amiral de Coligny ; le 22 août, exactement. L'opération se solde par un échec. Qu'à cela ne tienne ! Le pouvoir réagit très vite, et décide de frapper un grand coup.

Saura-t-on jamais si, parmi les stratéges de cette cour, il y en eût un qui se remémorât alors les tenants et aboutissants de la fameuse répression contre les Templiers ? C'était à l'aube du 13 octobre 1307, et Philippe IV le Bel dirigeait et manoeuvrait le terrible piège, menant l'affaire rondement et avec une rigueur extrême.

Toujours est-il qu'en ce 23 août 1572, la tactique de l'action ourdie par le trône, présente une singulière analogie avec celle déclenchée, près de trois siècles auparavant, contre les Templiers.

L'état-major royal s'apprête à donner carte blanche à ses ultra-catholiques, tous, sur l'heure, boufeteux et va-t-en guerre de haut vol. Mais il lui faut, finalement, la décision personnelle du roi. Or, Charles IX hésite, renâcle, tergiverse ; il répugne à entériner ce qu'il imagine déjà comme un affligeant et honteux bain de sang.

Mais le temps presse, et la conjoncture se prête à une réussite de "l'opération" envisagée ; en effet, beaucoup de protestants viennent d'arriver de la Capitale, pour assister au mariage d'Henri de Navarre (21 ans, et futur Henri IV) avec Marguerite de Valois [(4)] (19 ans), la propre fille, précisément, de Catherine de Médicis...

Au cours de l'après-midi du 23 août, la reine-mère, insensible et déterminée, arrache à son fils l'ordre de la tuerie. Le soir même, on ameute la populace parisienne, avertie par le tocsin de Saint-Germain-l'Auxerrois. Dans la nuit du 23 au 24 août (Saint-Barthélémy), on déclenche le massacre des protestants [(5)]. Il y aura, parmi eux, plus de 3000 morts, dont, cette fois, Coligny (53 ans). Un grand nombre d'autres chefs calvinistes sera exterminé, ici et ailleurs [(6)].

En France, l'impossible statu quo de 1570 aura fait long feu...

Jean Dorat est un témoin de proximité. Face à pareille tragédie, se demande-t-il encore - lui qui vit depuis 64 ans déjà - si l'Homme est décidément condamné à rester, ici-bas, "un désastre à jamais irréparable" ? Va-t-il, avec fermeté, désapprouver cette boucherie déshonorante et, à l'évidence, grosse de conséquences ?

Point du tout. Le "savant professeur" se retrouve douloureusement tiraillé entre les élans contraires. Sa générosité spontanée et son esprit de tolérance inné, mûri ensuite par l'expérience, lui soufflent une réprobation nette et sans équivoque. Mais depuis sa récente guérison - qu'il assimile à un miracle divin -, il se sent mû, porté, voire emporté par sa foi catholique, ressuscitée en même temps que sa propre santé...

A l'instant, sa réflexion et sa raison s'effacent au profit d'un sentiment qu'il considère comme une marque de gratitude envers le Très-Haut et ses supposés vicaires terrestres. Et dès lors, il se range - du moins, publiquement - du côté des bourreaux ; peut-être à contrecoeur, malgré tout. Qui pourrait, en cette occurrence, démêler le vrai, le faux, le sincère et le simulé ? Car l'apparente prise de position de Dorat n'empêchera nullement celui-ci d'entretenir des "rapports cordiaux avec les Réformés", ni de continuer à se faire "l'infatigable défenseur des pauvres" [7]. Il n'aura certes point oublié que :

"La lumière se lève dans les ténèbres pour l'homme droit, pour celui qui est miséricordieux, compatissant et juste" [8].

Quoi qu'il en soit, on doit se rendre à l'évidence : le massacre à peine consommé, Jean croit judicieux de se livrer, par la plume, à une "féroce apologie des déplorables excès de son parti" (catholique).

Sa vindicte, tellement violente et débridée, demeurera, sur le fond, incompréhensive : elle ne ressemble pas au Dorat de naguère, calme, équilibré, tolérant, volontiers souriant.

Dans cette envolée haineuse, saura-t-on jamais quelles sont les parts de l'opportunisme ; de l'arrière-pensée intéressée ; du manichéisme envahissant ; du fanatisme qui déferle et emporte tout ; du mysticisme conjoncturel qui vient de happer le "savant professeur" ?

Avec une sorte de lyrisme inquiétant, il écrit, en vers latins :

"*Maintenant, heureuse France, chante les louanges dues à Dieu ; maintenant, célèbre les joyeux* Te Deum. *Que les cloches soient sonnées dans toutes les églises (...) ; que la voix des prêtres retentisse, et que la foule réponde* Amen *à leurs chants (...). Dans la nuit (de la Saint-Barthélémy) est né le salut pour les âmes pieuses, et maintenant encore, c'est dans la nuit qu'elles ont vu renaître pour elles le salut par la défaite de l'ennemi (...) ; chaque ville se livra à sa juste colère et perça de l'épée ces odieuses bêtes féroces ; lorsque la fureur du glaive de Saint-Barthélémy se mit à sévir, et que Saint-Louis vengea lui-même son royaume".*

Puis il s'adresse aux protestants que, par ailleurs, il traite de "porcs" : "Vos chevaux rapides préparés pour la guerre, employez-les à votre fuite, si toutefois la fuite vous est permise. Des pierres vous seront jetées (...) ; le Christ est une pierre, les enfants d'Abraham sont des pierres ; et ces pierres, chiens, vous ne sauriez assez les craindre".

Dès lors, parmi les détracteurs de Jean, certains - où figurent nombre de protestants - ne tardent point à se déchaîner ; à leurs yeux, Dorat est un homme "éclairé, mais têtu ; instruit, mais dépourvu de ce degré d'intelligence qui permet, sinon de tout pardonner,, du moins de tout comprendre".

Un tel sévère jugement, s'il ne surprend point Jean, doit l'irriter puissamment ; et, sans nul doute, conforter sa conviction résolue à soutenir - ne fût-ce que par le Verbe - le camp catholique [1].

Les semaines s'écoulent. Un peu partout, en France, la persécution anti-protestante se poursuit, avec, pour le trône, des fortunes diverses.

L'automne arrive. Le pouvoir reconnaît les siens ; il veut en récompenser quelques-uns.

A la date du 27 octobre, Charles IX (22 ans, et déjà très malade) fait parvenir à Dorat une somme de deux cent cinquante livres, en lui précisant : "(...) dont sa Majesté lui a fait don en considération des services et bon devoir qu'il lui a faits ci-devant (...), fait et continue encore chaque jour, en ce qu'il plaît à sa Majesté de lui commander. Et ce, outre et par-dessus les autres dons et pensions qu'il a eus (...)"

On ne peut être plus explicite : parfois, le zèle paie...

N.B. A l'instar de Dorat et de bien d'autres, Ronsard attaquait résolument, lui aussi, les Réformés ; il y comptait pourtant des amis, et même des protecteurs, de la veille. Ce genre de volte-face ou de reniement constitue - dit alors a chronique, - "une des inévitables misères de ces temps troublés..."

La reine-mère persiste à imposer son autorité, en maints domaines : aujourd'hui, en 1573, elle fait élire son fils Henri, roi de Pologne ; même s'il est destiné à monter, ultérieurement, sur le trône de France. Henri, partira d'ici, le 28 septembre.

A Paris, le poète "pléiadiste" Etienne Jodelle meurt ; il n'a que 41 ans.

1574 - A Vincennes, Charles IX (24 ans) passe de vie à trépas. Plus tard, de méchantes langues prétendront que Catherine de Médicis aurait quelque peu hâté sa fin : en imprégnant d'un poison les pages d'un livre que le jeune monarque devait parcourir, et surtout, feuilleter, en s'humectant les doigts. Mais d'aucuns nieront farouchement une telle version des faits, qu'ils taxeront de "fausseté" et de "menterie".

A l'instant du décès, la reine-mère est près du lit où gît son fils. Dès que celui-ci a rendu l'âme, elle prononce elle-même la phrase rituelle : "Le roi est mort, vive le roi" !

Rentré aussitôt en France, Henri III (23 ans) succède alors à feu son frère Charles.

C'est un personnage complexe, intelligent et cultivé, mais plein d'indécision. Homosexuel [9], il va, d'emblée, accorder un crédit démesuré à ses mignons : Epernon, qui a 20 ans ; et Joyeuse qui, à l'instant, n'en a que 13...

En cette année 1575, Jean Dorat vient de composer un hymne à "un grand musicien", après avoir rédigé un texte à la gloire de Michel de l'Hospital, disparu à Etampes, deux ans plus tôt.

Cependant, depuis le récent début de son règne, Henri III (24 ans) sélectionne ses propres courtisans ; au détriment, souvent, de gens de haute valeur, qu'il rejette sans aucun état d'âme.

C'est ainsi qu'un jeune abbé de 29 ans - ancien élève de Dorat, au Collège royal - devient son "poète officiel" ; il s'agit de Philippe Desportes [10]. Et, sans vergogne, celui-ci évince Pierre de Ronsard, qui n'a point l'heur de lui plaire... Le bon Ronsard : lui qui, précédemment, ne

rechignait nullement à louer Charles IX, le frère de l'actuel souverain...
Chacun devrait garder en mémoire qu'en tous lieux et à toutes époques, "l'ingratitude est le cercueil du bien".

En 1576, par l'intermédiaire de François, duc d'Alençon, puis d'Anjou [11], est signé, entre catholiques et prostestants, un nouvel et dérisoire accord : "la paix de Monsieur" [12]. Très mal accueillie par les "papistes", cette paix on ne peut plus artificielle entraîne la constitution de *la Ligue*, que le duc de Guise forme aussitôt.
Quant à Dorat, toujours imprégné d'une foi revigorée et effervescente, il compose, à l'instant, un texte voué à... la Vierge Marie ; pour "la remercier" de l'avoir fait guérir, lui, de sa grave maladie, il y a cinq ans, en 1571.
Il y met d'autant plus de flamme et de dévotion qu'en ce 26 août 1576, il vient de fêter la naissance de son premier petit-fils : Dom Juan [13].

En 1577, la Pléiade perd encore l'un des siens : Rémi Belleau, l'aimable disciple de Dorat, s'éteint à Paris, à l'âge de 49 ans.
Le 17 septembre, à Bergerac, une trêve de plus est signée, puis ratifiée à Poitiers, le 5 octobre : elle est dite "paix de Saint-Rémy" [14].
Dorat se serait-il enfin accordé un certain recul, vis-à-vis des atroces querelles intra-religieuses ? Aurait-il retrouvé quelque sérénité, quelque objectivité, à cet égard ? Nourrirait-il quelque profond remords ? Toujours est-il que pour célébrer ce nouveau pacte, il compose un texte intitulé : "Présage de la paix de Saint-Rémi".

Très intéressante, la nouvelle qui parvient à Jean : une des pensions que lui alloue le trône vient d'être augmentée, et portée, de la sorte, à douze cents livres. Mais se voir attribuer ce genre de faveur, c'est une chose ; une autre chose est de pouvoir la percevoir de manière effective... Depuis longtemps, Dorat a payé pour apprendre ; c'est le cas de le dire.

Du reste, récemment, au début du règne d'Henri III, il s'était - une fois de plus - plaint à Nicolas Moreau, dont le père fut trésorier sous les trois règnes précédents. Il lui écrivit alors :

"Au temps où ton père remplissait avec distinction les fonctions de trésorier d'Henri II et ensuite, de Charles IX [15], son intégrité et sa bonne grâce furent toujours telles envers moi et envers tous les savants favorisés par le Roi, que nous étions certains de ne voir jamais le payement de nos pensions suspendu".

Las ! Moreau fils a maintenant un successeur, un certain Leroy. Il faut savoir que lorsque Dorat est en proie à quelque vive affliction, il essaie de se consoler un peu en se livrant à mille jeux de mots, réputés ravageurs, sur les noms de ceux qu'il prend pour cibles. Avec "Leroy", il possède une belle occasion d'exciter son verbe !

Au contraire de Nicolas Moreau, ce Leroy ne paie les pensions que lorsque cela le chante... C'est ainsi qu'il refuse de régler à Jean des sommes dues depuis deux ans.

Celui-ci écrit à Henri III pour lui signaler les coupables manquements du "trésorier Leroy". Dans sa lettre, il évoque la pauvreté, la maladie et la vieillesse qui l'assiègent ; il termine sa requête en avouant qu'il ne sait plus que faire, et qu'il se place "sous la surveillance de Philippe Hurault".

Dorat croit encore que sa missive a toutes les chances d'être favorablement examinée : le duc d'Epernon (un des "mignons" du roi) l'appuie ; Nicolas Moreau intervient auprès de Leroy ; puis il y a encore, précisément, la recommandation de Philippe Hurault, garde des sceaux, et - comme l'appela Dorat - "l'unique patron des doctes".

Pourtant, quelques irrévérencieux ricanaient volontiers : "la cire d'Hurault n'a plus d'effet que le sceau du roi..."

N'empêche que le Grand Conseil répond à Dorat : il rend justice à sa réclamation, en utilisant, à l'instant, les termes les plus flatteurs pour sa "double réputation de professeur et de poète".

Fort bien ! Mais Jean ne risquera point de s'en réjouir

vite : nonobstant cette promesse et ces félicitations, aucun paiement ne lui est adressé...

L'antagonisme entre le duc de Guise et le roi s'amplifie de jour en jour. Dès cet an 1578, Henri III crée "l'ordre du Saint-Esprit" (16), pour combattre la Ligue.

Pour compenser, de manière tangible, le recouvrement plus que laborieux de ses pensions, lié à l'incertitude et à la fragilité de ses ressources à caractère officiel, il ne reste à Jean Dorat qu'une solution : donner des cours particuliers. Toujours auréolé de sa renommée d'enseignant, il instruit donc, chez lui - moyennant rétributions immédiates et régulières - des élèves encore nombreux, fort heureusement pour lui...

En même temps, il poursuit son oeuvre propre, et ne perd jamais contact avec la cour. Ainsi, le 6 février de la présente année, a lieu le "festin de Messieurs de la Ville de Paris", en présence du roi.

Pour cette occasion, Jean a rédigé une "églogue latine et française, avec autres vers" ; il y a aussi un "Ensemble l'oracle du Pan".

Avec Dorat, se trouvent ici d'autres auteurs qui furent ses disciples, et restent ses amis : Clovis de Huisement, et surtout, le très cher et très fidèle Jean-Antoine de Baïf, qui souffle maintenant ses 46 bougies.

En juillet, Catherine de Médicis entreprend un long voyage dans le Midi de la France ; elle est accompagnée de sa fille, Marguerite de Valois, mariée depuis six ans à Henri, roi de Navare et de Guyenne. La rencontre que la régente a projetée avec celui-ci révèle un double but : d'abord, lui "ramener" son épouse, qu'Henri III ne lui a, jusqu'à aujourd'hui, pas permis de rejoindre... ; ensuite, traiter avec lui des moyens de faire observer et respecter les derniers édits concernant la "pacification" entre catholiques et protestants.

Les pourparlers s'avèrent minutieux, lents, patients. Mais Catherine parvient à conclure un traité avec Henri de Navarre, en février 1579 : l'édit de Nérac (17).

Après avoir prolongé son périple parmi les régions méridionales, la reine-mère regagne Paris, au cours des tout derniers mois de cette même année.

Dorat veut fêter l'événement à sa manière : il compose alors une ode latine intitulée : "*Sur le retour de notre reine, mère du Roi*".

C'est à cet instant que se place un fait notable. A juste titre, Jean est fier de son tout jeune fils, Louis. Le gamin vient de passer le cap de sa dixième année [18], et déjà, il compose des vers ! En matière de précocité, il fait mieux encore que ne fit sa grande soeur Madeleine, de vingt ans son aînée...

Aujourd'hui, le voici qui réussit excellemment à traduire en français cette ode de son père, consacrée au retour, donc de Catherine.

De l'avis général, le petit surdoué compte, dès à présent, parmi les "enfants remarquables". Tant il est vrai que "bon sang ne saurait mentir".

Magistrat à Bordeaux, Montaigne (47 ans) - qui entreprit un long voyage à travers l'Europe - publie, en cet an 1580, ses mémorables "*Essais*" ; un livre qui, durant des siècles, occupera une place privilégiée dans tous les programmes scolaires.

C'est dès 1572 que l'éminent auteur avait rassemblé ses réflexions, ses tentatives et ses expériences en un manuscrit qui constitue son ouvrage d'aujourd'hui [19].

Montaigne dit non à l'intolérance religieuse ou philosophique ; il prêche le scepticisme [20], et dégage, de l'idéal humaniste, une morale pleine de sagesse. Pour lui ; "chaque homme porte en soi la forme entière de l'humaine condition" ; "le jugeant et le jugé sont en continuelle mutation et branle". Il se méfie des dangers de l'imagination et de la vanité de la raison : "l'homme ne peut trouver ni la justice, ni la vérité".

Il faut, dit-il, acquérir l'indépendance du jugement et la maîtrise des passions (qui exclut le fanatisme comme la duplicité). Alors l'homme parviendra "au grand et glorieux chef-d'œuvre" : la réalisation lucide de sa nature.

Son enquête (ou sa quête) psychologique aura été menée "à sauts et à gambades", dans un style "simple et savoureux, tel sur le papier qu'à la bouche".

Cependant, dans la Capitale, une nouvelle et brutale épidémie accomplit ses ravages : dès le 2 juin, dix mille personnes y sont atteintes d'une "maladie ayant forme de rhume ou de cathaire, qu'on appela la coqueluche" (21) ; mais - diront d'autres - : "ce doit être une forme de *grippe*, autant coureuse de la peste".

Illico, on exile, hors de Paris, un grand nombre de malades. Par la force des choses, la quasi-totalité des élèves de Dorat doivent fuir, eux aussi. Tous ces gens, auxquels le vieux professeur, patiemment, "met le filet à l'aiguille" (22), ne pouvant vraiment revenir, céans, qu'au tout début de 1581.

SONET SVR L'ORACLE DE PAN.

Sainct Remy qui premier imposa la couronne
Au Rois Chrestiens François, & vous leur successeur,
En son huictiéme mois vous ramenant vainqueur,
L'an huictiéme ensuiuant plus grand heur vous ordõne.

Tous nombres sont diuins, mais Christ pour sa personne
Le huict s'est reserué : & la Sibylle autheur,
Huict cens octante huict faict en Grec le SAVVEVR,
Comme le nombre & nom qui tout salut nous donne.

Or pour vous faire foy, SIRE, *de l'an qui vient,*
Mesme mois l'an passé (si bien vous en souuient)
Vostre sort fut, VAINCRA *l'amour de la patrie.*

Si le sept vostre sort si bien vous a conduit
A grand victoire & paix : le salutaire huict,
*D'*VN BEAV LIS *couronné verra France fleurie.*

Iean Daurat Poëte du Roy.

(en l'an 1578)

Epilogue latine et française, avec autres vers, récités devant le Roy, au festin de Messieurs de la ville de Paris, le 6 février 1578.
Ensemble l'Oracle de Pan, présenté au Roy, pour étrennes.
Jean Dorat, poète du Roy ; Clovis de Hesteau, sieur de Nuisement, et Antoine de Baïf, auteurs.
(A Paris, de l'imprimerie de Frédéric Morel, imprimeur ordinaire du Roy, en la rue Saint-Jacques, à l'enseigne de la Fontaine - 1578 - Avec privilège).

3

A HENRY III. ROY DE FRANCE ET DE POLOIGNE.

Quand aux ioieux banquetz Lutece te receut
(O Henry) vn tel cry par la ville s'esmeut,
Que le bruit fut porté de la France en Poloigne,
Atterree du vent qui ton nom luy tesmoigne:
A laquelle ignorante au langaige françois
Ta Muse a reparlé d'vne Romaine voix.
Or comme tu as ioint ton sceptre au sceptre estrange,
Et l'vne & l'autre voix entonnent ta louange,
A fin que l'Ourse oyant tes honneurs bruissans
Par la France, à l'enuy t'en rechante plus grans.

Traduict du Latin de Iean Daurat,
par le Sieur de Nuisement.

VERS DE DAVRAT, INSCRITS SVR L'ENTREE DE LA GRAND SALLE.

Quand la ville eust haussé trois fois plus ceste entree,
Elle n'eust egallé la grandeur de son Roy:
Mais sa bonté baissant & sa grandeur & soy,
S'egalle à leur portail, s'egalle à leur portee.

Vers de Daurat, inscrits sur l'entrée de la grand'salle.

Quand (lieu-même) la ville eût haussé
trois fois plus cette entrée,
Elle n'eût égalé la grandeur de son Roi :
Mais sa bonté baissant et sa grandeur et (sa) foi,
s'égale à leur portail, s'égale à leur portée.

1581 - 1585

En 1581, Dorat est, de nouveau, grand-père : sa fille, Madeleine Goulu - 33 printemps - met au monde son second enfant, prénommé Jérôme [1].

Cependant, "fugit irreparabile tempus" : le temps fuit, irréparable... Et la mort va soudain faucher, coup sur coup, deux poètes hautement estimés, proches de Dorat. En cet an-ci, elle s'empare de Guillaume des Autels (52 ans) qui participa aux débuts de la Pléiade, où Peletier du Mans l'y remplaça, en 1555.

Précisément en 1582, Jacques Peletier du Mans (65 ans), s'en va, lui aussi, rejoindre le paradis éternel des belles-lettres...

Après cette double disparition, Jean Dorat ressent un profond chagrin. Et bien qu'il soit largement septuagénaire, il décide alors, au sein de la Pléiade, d'occuper personnellement, et de manière effective, le siège laissé vacant par son vieil ami Jacques.

Cependant en cette même année, Dorat se félicite de savoir que, de nouveau, plusieurs de ses compatriotes limousins accèdent désormais à une solide notoriété ; trois, en particulier : *Jean de Baubreuil* [2], auquel il avait naguère enseigné les humanités ; et puis, un pieux homme s'il en fut :

Bernard Bardon de Brun [3] ; et encore, *Joachim Blanchon* [4], avec lequel il entretint de fréquentes relations épistolaires.

Du reste, aujourd'hui, Blanchon publie ses propres "Oeuvres poétiques". Précédemment, et pour cet ouvrage-là, il avait sollicité une préface de Dorat, que celui-ci lui accorda volontiers. A travers un tel texte, Jean fait l'éloge de son terroir, le Limousin ; dans les termes suivants :

"On discute quelle fut la patrie du docte Homère ; mais dans tous les cas, ce fut un rude terroir. Henode - de tous les poètes, le plus rapproché d'Homère - nous apprend lui-même la rudesse de sa terre natale. Le Limousin aux durs rochers est, de même, un sol rude ; et sur ce point, j'apporte moi aussi un témoignage probant à ma patrie. Mais (que les gras pâturages soient loués des porcs de Boétie !), moi, je suis fier de ma patrie, à cause même de son aspect sauvage. On y voit tant de montagnes, avec leurs divinités, les nymphes ! Tant de forêts, domaine des chèvres-pieds ! Tant de rivières et de sources ! Tant de fontaines avec leurs divinités, les Muses, qui ne se baignent jamais qu'au courant des eaux vives ! Et comme chez nous, l'onde coule sans cesse des sources vives ; comme en toute saison, les vannes de la lèvre épanchent sans fin une eau vive, là naissent aussi les intelligences vives des doctes poètes".

Du reste, au tout début de cette décennie 1580, Dorat sauvegarde les apparences réjouissantes d'une "verte vieillesse" ; et ce, bien qu'il marche déjà avec peine. Son "intarissable babil", empreint de bonne humeur, de légèreté, d'inaltérable gaieté, lui concilient beaucoup de gens.

Parmi ceux qui viennent le voir, certains apprécient fort ses récits ; et ils puisent, dans sa conversation, maints renseignements utiles, relatifs, notamment, aux belles célébrités professorales d'hier ou de maintenant ; tels, entre autres, Budé ou Jacques Tusan.

Jean ne se montre jamais économe. Il prétend "ne point estimer l'argent plus que de la boue", et dit que le trop vif désir d'en acquérir est la plus grave des maladies".

En fait, son patrimoine personnel s'avère plutôt modeste. Certes, il possède quelques propriétés, mais qui ne lui sont d'aucun revenu : une maison de famille, à Limoges ; une petite vigne sur le territoire de Saint-Cloud ; une grande habitation, située près de la porte Saint-Victor - qu'il avait achetée pour lui et son gendre, Nicolas Goulu -, et où il réside à l'instant.

Bon gré mal gré, Jean persiste à écrire toujours "quelque chose". A tel point qu'il peut, à n'importe quel moment, mettre de nouveaux vers latins, grecs, ou français, à la disposition de simples particuliers. Il se veut encore à l'affût de quelque événement officiel à célébrer : c'est ainsi que le 24 septembre 1581, à Saint-Germain-l'Auxerrois, eut lieu le mariage de Joyeuse (20 ans) avec Marie de Lorraine. Pour l'occasion, Jean avait composé un épithalame.

Il songe souvent, aussi, aux derniers membres de sa famille restés en Limousin. Une fois de plus, il désire remercier le Ciel de les avoir préservés, ainsi que leurs biens, lors des guerres civiles et des épidémies passées. Alors, en bon Limogeois, il annonce qu'il va "payer sa dette" à Saint-Martial, patron de la ville. A la gloire du défunt évêque, il compose donc, en 1582, une fervente épode [(5)].

En 1583, Claude Gauchet publie une oeuvre poétique intitulée : "*Plaisirs de la vie rustique selon les quatre saisons de l'année*". Il envoie un exemplaire à Dorat. Celui-ci l'en remercie au moyen d'une épître dans laquelle il félicite l'auteur, et pour ses poésies pastorales, et pour l'agréable description qu'il fait des prairies et des forêts ; il lui assure encore que ces textes lui insufflent, après lecture, un enthousiasme bucolique et une ardeur nouvelle. "Pour un peu, insinue-t-il, je quitterais mon foyer, et je fuirais la cour et la ville..."

Est-ce là, chez Dorat, un indice de sénescence débile, ou simplement, une sorte de petite fantaisie divertissante ? Gauchet ne le saura jamais ; et d'autres lettrés non plus, du reste.

Tout semble aller bien, en tous cas, pour Madeleine Goulu, la fille de Jean. Belle, intelligente, érudite, elle est encore l'objet de bien des regards, de bien des sourires, et, sans nul doute, de bien des convoitises muettes et rentrées.

Pourtant, certains, plus téméraires ou plus galants que d'autres, n'hésitent pas à lui adresser leurs compliments, sous la forme qui sied à ce temps de la poésie rénovée : le vers régulier, soumis à une prosodie et à une métrique rigoureuses.

En cet été 1583, Madeleine frôle sa trente-cinquième année. Parmi ses admirateurs attentifs, un certain Pierre Langlois, écuyer, sieur de Bel Etat, veut lui prodiguer une louange bien sentie. Il lui adresse alors un quatrain dans lequel, étrangement, il l'interpelle *par son nom de jeune fille.* Mais, de la sorte, peut-être veut-il honorer, aussi, le nom de Dorat :

"*Vous étiez rossignol durant vos jeunes ans,*
Dégoisant d'une voix entre toutes divine ;
Et la continuant en cheveux blanchissants,
Maintenant, ô Dorat !, vous êtes un doux cygne".

Comme quoi, pour être écuyer, on n'en est pas moins rimeur, parfois. Et flatteur à l'occasion.

De semaine en semaine, l'état social du pays se dégrade à grande vitesse ; l'an 1584 s'annonce mal.

Sous le couvert des antagonismes religieux, les clivages politiques deviennent durs, cruels, et désormais inconciliables : le trône de France lui-même est en danger. En vérité, c'est maintenant que se déclenche, au grand jour, la "guerre des trois Henri" : Henri III, à la tête des royalistes ; Henri de Guise, dirigeant de la Ligue ; Henri de Navarre, conduisant les protestants.

L'inquiétant et périlleux contexte national (6) n'échappe pas à Dorat et aux siens. Et cependant, le célèbre humaniste - toujours passionné par les Lettres et l'Antiquité - persiste à vouloir créer, encore et encore créer.

Mais soudain, voici qu'un double malheur va le frapper. Son cher Louis, si doué, si intelligent, doit subir d'urgence, une grave "opération de la taille" (7), décidée par les médecins.

Las ! A cette époque, la chirurgie n'en est encore qu'à ses tout premiers tâtonnements parmi les incompréhensions, les ignorances, les erreurs, les ténèbres... A peine si l'on suppose l'existence, et donc, les mécanismes, de la circulation sanguine.

Le jeune Louis [8] n'échappe pas à son cruel destin : la mort le frappe, ici, en pleine et féconde adolescence.

Quant à Marguerite, l'épouse de Jean, elle se sent brutalement au plus mal, elle aussi !

Marguerite... Un demi-siècle de vie commune avec Dorat, dont les ans de leurs premières amours, vécus hors mariage ; à Limoges d'abord, puis ici même, à Paris.

Marguerite... Toujours effacée ; glissant paisiblement dans l'ombre de son célèbre époux ; mais toujours accueillante, avenante, spirituelle, avec les nombreux hôtes de marque qui lui firent souvent l'honneur de sa maison ; toujours attentive, vigilante même, bonne conseillère, quand il s'est agi d'élever et d'éduquer Madeleine, puis Louis.

Marguerite, presque septuagénaire, et que la mort vient, à son tour, d'emporter...

Fort affecté par de tels coups du sort, Jean craint d'abord que sa foi catholique chancelle, s'écarte, s'éloigne, ou s'estompe. Il s'y accroche alors avec obstination. Il y cherche un suprême réconfort ; car, désormais, il se trouve non seulement veuf, mais aussi "orphelin" ; en tous cas, seul, très seul ; trop seul...

Lui qui déploya tant d'ardeur à décrypter - à travers les dicts et les écrits de maints auteurs anciens - les arcanes de la sagesse antique, il se refuse à céder au total découragement ; même s'il se répète ce qu'affirme l'Ecclésiaste : "*vanitas vanitatum, et omnia vanitas*". Vanité des vanités, et tout est vanité.

Jean a maintenant 76 ans ; et, malgré tout, peut-être se dit-il que, pour lui, le temps presse... Il projette alors de se retirer dans une maison située au cloître de Saint-Jean-de-Latran ; et là, il continuera à donner des leçons à des pensionnaires : il faut bien vivre, ou, à tout le moins, survivre...

1585 - A Paris, les Ligueurs, qui soutiennent les Guise, forment un comité [9] comprenant des activistes dans chacun des seize quartiers de la ville. D'évidence, ils se préparent à y faire bientôt régner la terreur. La tension est extrême ; déjà, “on frémit le jour, et plus encore la nuit, au bruit des arquebusades”.

Pastoureau - conseiller au Parlement, et farouche ennemi de la Ligue - commande les bourgeois, dévoués à la cause royale, qui habitent le quartier de Saint-Jean-de-Latran, précisément. Il veut enrôler Dorat ; lequel a maintenant 77 ans...

Jean, bien sûr, ne saurait accepter. Il répond qu'il pourrait à la rigueur, jouer un rôle analogue “à celui du clairon ou de la trompette, en donnant du coeur aux soldats, ainsi qu'il l'a fait souvent, par les vers qu'il a composés”. Il rappelle en outre qu'il a déjà “combattu”, entre 1544 et 1547, et que ces services passés devraient le dispenser de participer à de nouvelles campagnes.

Naguère, lorsqu'il était un jeune et fringant enseignant, Dorat ne rechignait nullement à “se vieillir”, afin -croyait-il - d'inspirer plus de respect à ses élèves.

Aujourd'hui, au contraire, il ment dans l'autre sens : il ne se donne que 69 ans, alors qu'il en a huit de plus. Pour quel motifs ? Peut-être, par simple et naïve coquetterie ; mais aussi, et surtout, parce qu'en se “rajeunissant” de la sorte, il pense éviter que s'éloignent de lui les étudiants qu'il instruit encore...

L'an 1585 va bientôt expirer : nous sommes très exactement au 27 décembre ; il est deux heures du matin : l'instant où, là-bas, dans son prieuré de Saint-Cosme-les-Tours, Pierre de Ronsard (61 ans) vient soudain de s'éteindre.

Ronsard... le délicat auteur, au lyrisme tour à tour marqué d'une émouvante gravité et d'une grâce épicurienne.

Ronsard, déclaré, à juste titre, le “prince des poètes...” L'homme convaincu de la fugacité de toute chose.

Ronsard... Fasciné par la rose, ce symbole de beauté, de fragilité et de brièveté, que ses rimes de maintenant porteront à travers le temps à venir :

“Mignonne, allons voir si la rose
qui, ce matin, était éclose...
(...) Cueillons dès à présent les roses de la vie...
(...) Et rose, elle a vécu ce que vivent les roses,
L’espace d’un matin (...)”

Ronsard... Celui qui “a fait l’ornement du 16ème siècle”, et qu’on peut dire s’être révélé “le plus célèbre qui ait paru depuis l’heureux règne d’Auguste”.

Ronsard... Celui dont Jean Dorat avait “façonné le génie”, et qui admettait lui-même, avec un sincère et permanent enthousiasme, que c’était bel et bien à Dorat, en effet, qu’il était “redevable de tous ses talents”.

Ronsard, le grand Ronsard, n’est plus.

Sous le brutal coup du sort, les gens de la Pléiade se laissent aller, céans, à leur douleur et à leurs regrets : Pierre eût mérité de vivre bien plus encore ; mais puisque, pour ce fervent chrétien, le destin s’est accompli, alors, que Dieu ait son âme ; et qu’au Ciel, il soit bienheureux !

Mais que le cher Ronsard va leur manquer, à eux tous, les survivants provisoires !

A Saint-Cosme, l’épitaphe consacrée à l’illustre défunt vaut le détour :

“Epitaphe de Pierre de Ronsard, prince des poètes et autrefois prieur de ce monastère.

Arrête, passant, et prends garde ; cette terre est sainte. Loin d’ici, profane ! Cette terre que tu foules aux pieds est une terre sacrée, puisque Ronsard y repose. Comme les Muses, qui naquirent en France avec lui, voulurent aussi mourir et s’ensevelir avec lui, que ceux qui lui survivent n’y portent point d’envie, et que ceux qui sont à naître se donnent bien de garde d’espérer jamais un pareil avantage du Ciel.

C’est à la mémoire de ce grand poète que Joachim de La Chétardie, conseiller au souverain Parlement de Paris, et, vingt ans après, son successeur en ce même prieuré, a consacré cette inscription funèbre”.

Pierre de Ronsard (1524 - 1585)

1586 - 1588...

1586 - Saura-t-on jamais qui elle est vraiment, cette jeune fille de 19 printemps qui, soudain, surgit dans la vie maintenant finissante de Dorat ? Le mystère reste entier.

En tous cas, elle s'appelle Chipard[1].

Bien qu'il ait franchi sa soixante dix-septième année, Jean se convainc que sa libido, à lui, n'a toujours pas abdiqué. Et puis, diable, il est encore en grande réputation !

La drôlesse semble s'intéresser à lui ; de très près... Il y a gros à parier qu'il soupire alors quelque chose, du genre : "qu'à mon âge, on pût encore me désirer, voilà qui me paraît extraordinaire, et pour tout dire inespéré"[2].

Il fait à la jeune fille des avances claires et directes. Bien sûr, "elle flotte, elle hésite, en un mot, elle est Femme"[3]. Pourtant, sans beaucoup tarder, ô miracle, elle accepte.

Fugacement, un scrupule traverse Jean : "j'ai deux petits-enfants, de dix et cinq ans ; Chipart pourrait, elle aussi, être ma petite-fille" !

Mais les ultimes élans du vieil âge se moquent de tous les conformismes, plus encore que ne le font les pulsions incontrôlées de l'adolescence ou de la jeunesse. Et puis, Dorat voudrait enfin faire branche ; mâle, de préférence. Car en lui enlevant Louis bien trop tôt, le sort ne l'a-t-il point, à cet égard, injustement défavorisé ?

Alors tant pis : sans souci des rumeurs, des quolibets, et des lazzis, il prend une décision que personne n'attendait : il va *épouser Chipart.*

La mère de cette sémillante "créature de rêve" s'était, naguère, remariée avec un homme qui, céans, tient une boutique de pâtissier, dans le faubourg Saint-Honoré[4]. Et cet artisan-là, en revendant la maison acquise par sa femme actuelle lors de sa précédente union, a dépouillé Chipart de la part qui lui en était due, légalement.

Dorat entretiendra de très mauvais rapports avec ce “beau-père” avare, besogneux, et irrité par l’ahurissant mariage de Chipart, qu’il considère comme scandaleux. A tel point que dit-on - il ne concèdera à sa “fille” qu’une dot dérisoire : un modeste et humiliant pâté de pigeon...

Et le bonhomme n’est d’ailleurs pas le seul à réagir aussi sournoisement à une telle noce.

Jean, lui, se sent tout ragaillardi, heureux d’un tel hymen tardif et savoureux, bien que fort décrié par les belles âmes d’alentour. Las ! Tous ces gens sauront-ils, un jour, que le corps a ses raisons, que bonne raison méconnaît ?

Dorat ne se trouve aucun motif à penser qu’il s’est ainsi mésallié. C’est pourquoi, à ses amis qui lui reprochent cet “amour hors de saison”, il répond, avec une sereine malice :

“Considérez-le comme ma licence poétique ! Et puisqu’il faut mourir d’un coup d’épée, autant en choisir une dont la lame soit bien fine et dont la poignée soit d’argent, plutôt que d’en choisir une malpropre et gâtée par la rouille”.

Inconvenante ou non, la passion toute neuve de Jean chatouille aussi sa muse : il rédige illico un épithalame...

Et que lui importe si, aujourd’hui, rien de qu’il compose n’a l’heur de plaire au plus grand nombre !

Certains grincent même : “Dorat ayant continué opiniâtrement à faire des vers, dans la vieillesse, ceux-ci se sentent extrêmement de la faiblesse de son âge, et font tort à sa réputation” [5].

Et puis quoi : Jean vit une époque à travers laquelle les superlatifs, énoncés ou écrits, sont monnaie courante : dans le compliment comme dans l’invective ; dans la plaisanterie comme dans le sarcasme ; dans l’éloge comme dans l’insulte.

En souriant vaguement, il se dit que, moins encore qu’auparavant, il n’y a là, en l’occurrence, de quoi fouetter un chat...

Aussitôt après avoir épousé Chipart, Dorat quitte sa maison de la porte Saint-Victor - qu’il partageait, jusqu'alors, avec sa fille et son gendre - pour s'installer enfin à Saint-Jean-de-Latran. Cette commanderie dépend, comme par hasard, d'Henri, duc d'Angoulême, en sa qualité de grand prieur de France ; Henri : fils naturel d'Henri II, et demi-frère d'Henri III, l'actuel roi de France ; Henri : celui-là même dont Dorat fut le précepteur, il y a maintenant plus de quarante ans...

Et sans plus attendre, Jean prend argument de ses services passés, et des sommes qu'on lui redoit encore : il demande au duc à être dispensé de régler le loyer relatif à son nouveau logis, d'un montant de cent écus(6).

D'aucuns ont pu, sans doute, mettre l'accent sur la personnalité de Dorat, souvent énigmatique, en apparence ; tout en s'interrogeant sur ses ressorts secrets, ses décisions inattendues, ou ses spontanéités déroutantes.

Cependant - et comme pour maint poète visité en permanence, par l'inspiration - la Mort aura toujours fasciné Jean ; à tel point qu' "il ne mourait presque personne, pourvu qu'il fût de bonne famille, que la muse de Dorat n'en soupirât la perte"(7).

Jean a désormais 78 ans. Le 5 mai de cet an 1586, Henri III lui accorde "le privilège pour l'impression" de ses ouvrages.

De tous les poèmes qu'il composa au fil de sa longue carrière d'enseignant et de poète, il en a, à ce jour, édité un grand nombre ; beaucoup en latin, quelques-uns en français. Mais ils ont été publiés à part, et donc, de façon ponctuelle et dispersée. Ledit privilège royal lui permet de les réunir maintenant dans un ouvrage global intitulé :

Poematia
Johannes Aurati Lemovicis poeta et interpretis regü poemata (Lutetia apud Gulielmum Lunecerium CI)I)LXXXVI)

En français : Jean Dorat - *poète limousin* et interprète du roi...

Le livre comprend plusieurs parties, huit feuillets liminaires, et un portrait de Jean, réalisé en cette même année 1586.

Le choix et le regroupement de tous ces textes ne doivent rien, hélas, à Dorat lui-même ; ils sont le fait de quelques-uns de ses actuels élèves ; lesquels avaient décidé cette action d'urgence, avant que Jean, très affaibli par l'âge, ne disparût...

Mais Dorat inclut une dédicace en vers latins, destinée à Henri III : "*Ad Henricum tertium christianissimum, Francorum et Poloniæ regem*" (Pour Henri III le très chrétien, roi de France et de Pologne).

Non sans quelque embarras, il tente d'expliquer au monarque la nature de son offrande : il lui précise qu'il s'agit là d'un recueil informe de ses écrits, que ses élèves, animés d'un "zèle officieux, mais importun", ont formé précipitamment. La mort récente de l'illustre Ronsard leur a fait craindre a perte de leur professeur et de ses oeuvres ; et ils se sont mis à "ramasser ses poésies" partout où ils ont pu les trouver, consultant "plutôt leur désir que celui de leur maître".

Médecin et ami de Dorat - et, à l'occasion, auteur "d'agréables vers latins" - Philippe Valeran utilise des métaphores quelque peu confuses et absconses ; il voudrait convaincre les lecteurs que les meilleurs textes que rédigea Jean sont toujours en possession de celui-ci, et non point, en somme, dans le présent livre.

Au sein même de l'ouvrage, il affirme : les pièces qui composent "Poematia" sont, pour la plupart, des amusements de jeunesse ou des improvisations "sans importance". Et il ajoute, en comparant bizarrement ces textes à de petits volatiles : "si ses oisillons, fuyant le nid maternel, ont tant de grâce et de force, quelle admiration, quelle louange est réservée à ceux que la mère privera volontairement de la douce chaleur de ses ailes, et qu'elle excitera elle-même à prendre un vol audacieux".

Dans "Poematia", sont donc réunis des textes rédigés en français, en latin, et en grec. Les genres s'y trouvent nombreux : épigrammes, odes, églogues, épithalames, etc.

Dans leur majorité, ils constituent des pièces inspirées par des événements de guerres civiles, qui donnèrent à Dorat l'occasion d'évoquer son origine limousine ; des requêtes en vers, au duc d'Anjou (le futur Henri III) pour recommander sa famille de Limoges, ou pour préserver son terroir des exactions des fermiers d'impôts[8].

Naturellement, après sa parution, l'ouvrage devient la cible d'un tir croisé : celui de la louange parfois excessive, et celui de la raillerie, souvent jalouse et exagérée.

Ainsi, quelqu'un soutiendra que "Poematia" contient des vers "dignes de Dorat", mais que "d'autres pièces, négligées, n'ont ni force, ni délicatesse, ni pureté". Pourquoi ? Parce que le livre inclut aussi des textes que Jean vient juste d'écrire, alors que le voilà presque octogénaire : c'est donc qu'il les a composés avec une trop grande facilité, au fil de sa plume devenue hésitante ; qu'il ne s'est plus donné le loisir de "les limer et de les polir" ; que dès lors, ces vers-là, presque tous "un peu languissants", n'ont plus les beautés et la puissance de ceux de sa jeunesse lointaine[9].

Moins catégoriques, d'autres exégètes penseront qu'au moment de la confection du livre, Jean, fort afaibli par l'âge, était souvent alité ; il aura donc, à son corps défendant, "laissé passer des fautes" (typographiques), lors de la correction des épreuves.

Les plus conciliants - à moins qu'ils ne fussent mieux renseignés - avanceront que de tels dires ont été, en l'occurrence, inspirés par l'éditeur lui-même : esquive facile, de sa part, pour ne point endosser la responsabilité de ses propres erreurs, lors de l'impression de l'ouvrage...

Et ces mêmes chroniqueurs, d'ajouter : certains "éditeurs-libraires "font souvent fi de la réputation d'un auteur, "pourvu qu'ils y trouvent leur profit ". Dans "Poematia", affirment-ils, plusieurs textes ne sont nullement de Dorat ; et il y en a d'autres qu'il n'aurait "certainement jamais reconnus", bien qu'il les ait véritablement composés.

Comprenne qui pourra...

IO. AVRATI LEMOVICIS, REGII GRÆCARUM LITERARUM IN ACADEMIA PARISIENSI PROFESSORIS, POËMATIA.

Lorsque Jean Dorat s'annonce "ès qualité" (professeur royal de littérature grecque) il n'omet point de préciser qu'il est limogeois.

AD IOACHIMVM Bellaium, De eius reditu ab Italia.

Sit satis Italiæ, Bellaium, quod procul vnum
Detinet, & Gallis inuidet vsq; suis.
Ille regat Romam: Romanos, qua valet arte,
Ille regat proceres, purpureosq; patres.
Ille sit externis gratus præstantibus actis:
Res iuuet & patriæ, quâ licet, inde suæ.
Pontificem leuet ille graui, sicut leuat vsq;,
Pondere: sit meritis charus eiq; suis.
Hæc ita sint, Italis tantummodo ne minor oris
Sit quoque Bellaius, se viduetq; suos.
Italides nymphæ nostri vos vatis amore
Captas non mirum est hunc tenuisse diu,
Vos magis est mirum iam permisisse reuerti,
Et vestro (...)

Ici, début d'une longue pièce (de plus de 60 vers) que Dorat consacre à l'évocation de son brillant disciple : Joachim du Bellay.

IOHAN. AVRATI

Regij Græcarum literarum professoris, Poematia.

AD ILLVSTRISS. PRINCIpem Carolum Cardinalem Lotharingum.

Portat in auratis Victoria Carole pennis
Henricum ad cœlum, Guistademq; tuum.
Et mea nunc præter solitum temeraria Musa
Ad cœlum audaci nititur ire via.
Sed si blanda tui subuexerit aura fauoris,
Quos canit, astra super Musa secuta canet.

Le cardinal de Lorraine est donc Louis II de Guise, (Dampierre, 1555 - Blois, 1588), le frère, précisément, du célèbre duc Henri de Guise, dit le "Balafré" (Henri 1er de Lorraine - 1550 - 1588).
Le cardinal de Lorraine mena, lui aussi, la Ligue ; il fut assassiné peu après son frère, en 1588.

1587 - Jean se prend à jubiler : Chipart est enceinte ! Bientôt, un bébé va naître.

Déjà, les méchantes langues se manifestent. On persifle, on ricane : “Holà, bonnes gens, que nenni ! Dorat ne pourrait, certes, en être le père ; le voici cacochyme, sans doute énurésique. L’auteur d’un tel enfantement, c’est à coup sûr, l’un de ces “grands écoliers” qu’il tient encore chez lui, en pension, et qui “aiment bien la femme” !

Jean n’ignore pas ces racontars ; il n’en a cure, et jamais il n’en prend ombrage ; du moins, apparemment.

Voici que l’enfant paraît : ô joie, c’est un garçon ! Aussitôt, Jean le prénomme *Polycarpe* [10]. Peut-être pour glorifier la mémoire du saint correspondant ; lequel, affirme la légende, aurait, lui, connu Saint... Jean.

Ravi, Dorat joue, d’emblée, avec le nourrisson ; en le tripotant, en le manipulant “comme un petit singe”. Mais le destin s’acharne cruellement sur le “vieux professeur” ; et son bonheur tout neuf se révèlera de courte durée : Chipart meurt bientôt des mauvaises suites de ses couches ; et le bébé trépassera, lui aussi, au bout de quelques semaines [11].

Jean se constate au creux de la vague. Le voici meurtri, dans sa chair, dans son coeur, et par ses minces espoirs, désormais évanouis. Lui aussi peut se répéter que “plus on avance en âge, moins on accorde d’importance aux choses, et même, moins d’importance à l’importance” [12].

Matériellement, il s’est mis, bon an mal an, “au-dessus des besoins” : il a pu, à grand-peine, il est vrai, se constituer quelques économies ; il perçoit les émoluments de son pensionnat ; de ci, de là, parmi ses fidèles amis, certains lui font des présents ; il encaisse souvent les “gratifications” inhérentes à “ses ouvrages imprimés”.

Mais ses enthousiasmes et ses illusions ont fui. Terminées, pour lui, ses volte-face à propos de la religion, du mariage, et du reste ? Disparus, la permanence de son goût obstiné pour le travail, le didactisme scrupuleux et fécond, l’exaltante création poétique ? Sans nul doute.

Tempus edax rerum ; le temps qui détruit tout...
Un de ses jours de profonde et irrésistible mélancolie, il écrit, d'ailleurs, à Henri III :

"*Si j'ai servi cinq Rois s'entre-suivant,*
Si j'ai instruit la France cinquante ans,
Si, par mes vers, j'ai mon siècle doré,
Ne souffrez que par vous, Dorat soit dédoré" [13].

Jean songe à tous ses morts ; ses morts bien à lui, si proches et si absents : ses parents, inhumés là-bas, à Limoges ; son petit Louis ; Marguerite, sa première épouse ; Polycarpe, le nourrisson éphémère ; et la bien jeune et bien malchanceuse Chipart... Existerait-il une malédiction sur sa descendance mâle ? Est-ce là le doigt de Dieu, ou le mauvais signe de Satan ?

Il évoque aussi feu ses fervents et talentueux amis de la Pléiade, et d'ailleurs. Tantôt serein, tantôt amer, il se sent lui-même parvenu aux portes de cet Au-delà qu'il ne met surtout point en question, et que, maintenant, il espère.

Quelles leçons tirer de l'aventure terrestre ? Et pour quelles finalités ? A quoi sert la vie ? A se poser des questions. A quoi sert la mort ? A y répondre [14].

"*Mors ultima ratio*" ; la mort est la raison finale de tout...

Sous l'emprise du chagrin, des regrets, ou de l'angoisse, Jean se remémore-t-il les mots de Rutebeuf : "que sont mes amis devenus" ?

N'ajoute-t-il point, en son for intérieur : en quoi sont-ils donc changés, eux que mes rêves avaient forgés, et tant chéris ? Les rencontrerai-je, tous ensemble, au mystérieux et divin Pays d'Eternité ?

Avec une douloureuse simplicité, Jean remonte ainsi, par le coeur et par l'esprit, son passé regretté. Puis il se fait plus grave, plus fébrile : comment partira-t-il, lui, dans quelques mois, dans quelques semaines ; ou, peut-être, demain matin ?

1588 - Dorat entame, ici, sa quatre-vingtième année.

Sur l'heure, les motifs d'amertume et de tristesse, ne lui manquent guère. De plus en plus agité, le royaume accumule et exacerbe les violences religieuses ; la guerre civile, qui déchire tout et tous, à travers le pays, pénètre maintenant au coeur même de la famille royale et de la cour.

Le 12 mai de cet an maudit, le duc de Guise brave la défense du roi, et se rend à Paris, appelé par *les Seize* (15). Henri III veut répliquer avec ses troupes, mais la population se soulève, et obstrue les rues avec des barriques remplies de terre : c'est la "journée des Barricades". Et le roi doit s'enfuir, laissant ainsi la place à Henri de Guise.

Henri III prend alors l'extrême décision : il attire le duc à Blois, et l'y fait trucider : de la sorte, l'ultra-catholique ne se trouve plus en mesure, ni de propager ses objections, ses griefs et ses prétentions, ni de pousser son hostilité meurtrière jusqu'à l'humiliation publique du monarque... Une fois de plus, s'est vérifié le dicton : "quiconque se sert de l'épée périra par l'épée".

Le malheur de ces temps éloigne des études une grande partie de la jeunesse. Plus encore que d'autres, Dorat en subit le contrecoup. Devenu très vieux, il est désormais considéré comme "hors service", et totalement inutile : affligeant constat fait par cet homme qui "semblait n'être né que pour travailler à l'avantage du public", et qui, sans les négliger, ne se focalisa pas, outre mesure, sur ses propres intérêts matériels.

Sa générosité l'empêcha de thésauriser. Mais bien qu'il se fît toujours un plaisir de régaler ses amis, il lui restait, certes, en permanence, de quoi vivre au moins dignement.

D'ailleurs, plus tard, quelqu'un (16) écrira, avec élégance : "Dorat mourut riche, surtout des ressources que la vertu nous procure, et non de celles dont l'avide genre humain ne peut se rassasier".

Nous voici parvenus au 1er novembre 1588 : la veille du jour des Morts... A Saint-Jean-de-Latran, donc, Dorat quitte discrètement ce bas-monde.

"Et Il leur dit, en ce jour-là : le soir venu, passons sur l'autre rive" [17].

Dorat s'en est allé. Seul, et abandonné. D'aucuns avoueront qu'alors, "sa perte ne causa pas autant de regrets qu'elle aurait dû en exciter..."

On inhuma Jean dans l'enceinte du choeur de l'église Saint-Benoît, à Paris, près de la sacristie des chanoines. Son propre gendre, Nicolas Goulu, rédigera lui-même l'épitaphe destinée à son tombeau où, trente-huit ans plus tard, sa fille Madeleine sera, elle aussi, ensevelie.

Il s'en est fallu de quelques mois seulement, que Jean fût encore le contemporain, attentif ou blasé, de plusieurs sombres événements successifs, en cette malheureuse France de l'an 1589 : la terrible famine qui décime maintenant Paris, puisque - depuis la journée des Barricades, au printemps précédent - Henri III en maintient le siège, contre les papistes, maîtres du terrain ; l'assassinat, précisément, dudit monarque (38 ans), alors qu'il se trouve à Saint-Cloud [18], et qui précipite l'avènement d'Henri IV (36 ans) ; et aussi, la disparition de Catherine de Médicis (70 ans).

En cet an-là, s'en vont encore deux autres personnages bien connus de feu Dorat : Thomas Sébillet (77 ans) ; Jean-Antoine de Baïf (57 ans), le disciple fidèle et talentueux de Jean [20].

"Un jour, nous prendrons la mort pour aller vers une autre étoile" [21].

Ainsi s'achève la belle aventure humaine, sociale, et littéraire, d'un remarquable petit groupe d'hommes dont la pensée novatrice, l'action originale, la vaste érudition, et les nombreuses créations marqueront, durant des siècles, la poésie, la langue et la culture françaises. Et au-delà des critiques, voire des sarcasmes, chacun s'accordera toujours à reconnaître qu'en cette occurrence, Dorat fut et demeura l'inspirateur, le maître-d'oeuvre, le modèle, et l'âme même...

En son temps, Jean se vit surnommé le *Pindare français*, mais aussi - et surtout ! - l'*Homère de Limoges* (ou du Limousin).

Voulait-on ainsi faire référence - par symbolique comparaison - ou poète de légende qui, bien plus de deux millénaires auparavant, "fit l'éducation de la Grèce, en récitant ses épopées devant des auditoires venus de tout le pays" ? A ce chantre dont "le génie émerveillait à la fois les savants et les gens simples" ? A cette sorte de magicien dont bien d'autres poètes "imitaient la langue et la technique" ?

Toujours est-il que six ans après la disparition de Dorat, Joachim Blanchon, l'un de ses anciens élèves, et son compatriote de Limoges, écrira :

"*Homère, Démosthène et Archimède ensemble,*
Limoges a nourri où la vertu s'assemble ;
Muret, Dorat, *Fayen, trois excellents esprits :*
Muret son Démosthène et Dorat son Homère *;*
Fayen son Archimède ayant sa ville-mère,
Sa province et son plan heureusement compris".

Beaucoup plus tard, des chroniqueurs parfois dédaigneux, parfois fort infatués, taxeront Jean de "poète surfait" ; de "panégyriste officiel" ; de "pleureur des principaux personnages de son temps", et de "louangeur de tous les livres imprimés" [22].

Ce disant, de tels auteurs ne semblent-ils pas faire fi, à la fois de la réalité politique et religieuse, des opinions, des préjugés, des comportements et des mentalités inhérents au 16 ème siècle ; et aussi de la situation sociale personnelle de Dorat ?

Malgré tout, parmi ces mêmes exégètes, quelques-uns nuanceront de tels acerbes propos en admettant que Jean "demeure, en réalité, un grand philologue" [23].

Durant sa longue existence, Jean composa donc quelque 50 000 vers ; en grec, en latin, et en langue nationale. Comme il commença à le faire dès son adolescence, à

Limoges, on peut en déduire qu'il créa, en moyenne, deux vers par jour, jusqu'à sa mort.

Du reste, Ronsard affirmait déjà, au début des années 1580, que Dorat avait "estoupé la fontaine des Muses" [24]. L'autorité spirituelle de Jean fut telle qu' "on ne publiait aucun livre qu'il n'en ornât le frontispice de quelques vers".

Mais à cet égard, ses contempteurs ne désarment point : "on ne lit plus les vers qu'il a écrits ; ils manquent de vigueur, de lyrisme véritable et d'harmonie, et le verbe est dur" [25].

A quoi d'autres rétorquent : "les vers de Dorat son trop nombreux pour avoir tous un grand mérite ; mais on doit dire, pour être juste, que ses oeuvres, trop louées par ses contemporains, ont été *trop dépréciées* dans les siècles suivants".

Les admirateurs, eux, sublimeront leur louange : "Dorat sera tour à tour, dans son siècle, Anacréon, Sophocle, Aristophane, Ovide ; tantôt il joue avec les grâces, tantôt il s'élève avec l'aigle".

Il s'avère indéniable que Jean fut bel et bien, en France, au premier rang de ces observateurs d'une période exceptionnelle, dont il aura participé à influencer, en direct, les évolutions littéraires et culturelles.

Quelqu'un [26] voudrait pouvoir résumer en quelques phrases la trajectoire poétique de Jean :

"Les poésies (de Dorat) forment une suite de tabeaux où sont peints les événements les plus remarquables de son temps : changements de règne ; victoire des Français ; éloge des grands hommes qui illustrèrent la France sous cinq rois, tout fut célèbré par sa Muse. Ses écrits sont autant de monuments érigés à la gloire de sa patrie. La célébrité est le prix des talents. Les princes le chérissent, les gens de lettres le louent, la France l'honore, toute l'Europe le révère".

Cette Europe qui offrit souvent à Jean de l'accueillir en certains de ses Etats ; ce qu'il refusa sans cesse, nonobstant maintes alléchantes propositions. Jamais il ne consentit à s'éloigner trop de sa famille - à Paris et à Limoges - de ses amis d'ici, et... de la cour de France.

A Limoges, précisément, la patrie de Jean, une rue porte son nom à lui, le valeureux initiateur de la Pléiade. Quelque part entre la gare des Charentes, l'avenue Emile Labussière, et le stade municipal de Beaublanc, elle se faufile : peu large, peu passante, et même, austère ; plus que calme : silencieuse...

Mais comment donc identifier, en quelques mots très évocateurs, *l'essentiel* de la carrière et de la vie de Dorat, tout en faisant abstraction des opinions préconçues, des analyses partisanes, et des conclusions excessives ou erronnées, dans un sens ou dans l'autre ?

Un auteur - pourtant complaisant à l'égard de Jean - affirmera : "quelle figure littéraire dépasse en éclat, et même en curiosité, celle de Jean Dorat ? Il fut un des meilleurs propagandistes, en France, de l'esprit de la Renaissance, le représentant le plus authentique de l'humanisme à la fois littéraire et savant. *Son enseignement* reste, auprès de la postérité, un titre de gloire incontesté" (28).

Précédemment, du dix-neuvième siècle, un autre chroniqueur avait déclaré, à propos de Jean, ce professeur "ardent et convaincu" :

"*Ses élèves*, voilà son véritable titre. Et quels élèves ! *En cessant d'être leur maître, il demeurait leur ami et leur guide*" (29).

Pierre de Ronsard, le plus brillant de ses nombreux disciples, affirmait que Dorat était "*l'honneur du pays limousin*".

Et les vingt vers suivants - que le même Ronsard consacra à son maître - pourraient bien constituer l'hommage le plus juste, le plus sincère et le plus concis, jamais rendu à ce mémorable fils de la cité limougeaude, que fut Jean Dorat.

En quelques rimes, tout y est dit... :

"*Je vins être*
Disciple de Daurat, qui long temps fut mon maître,
M'apprit la poésie, et me montra comment
On doit feindre et cacher les fables proprement,
Et à bien déguiser la vérité des choses
D'un fabuleux manteau dont elles sont écloses.
J'appris, à son école, à immortaliser
Les hommes que je veux célébrer et priser" [30].

"*O, mon Daurat, ton savoir*
Par ce siècle nous fait voir
Que tu brises l'ignorance,
Renommé parmi la France
Comme un oracle des Dieux,
Pour dénouer aux plus sages
Les plus ennoués passages
Des livres laborieux,
(...) Comme ta douce merveille
Amoncelle par milliers
Un grand peuple d'écoliers
Que tu tires par l'oreille" [31].

GLOSSAIRE

- *Jean DORAT* (hypothèses généalogiques).
- *Les poètes de la pléiade.*
- Auteurs, grecs et latins, de l'Antiquité.
- Personnages historiques évoqués

- Bibliothèque consultée.
- Remerciements.

JEAN DORAT

(Hypothèses généalogiques)

Dorat (Jean Dinemandi - ou Disnematin -, dit) - Il est l'une des très grandes figures de la Renaissance ; on l'y aura surnommé "l'Homère du Limousin" (cf. Nouailhac, 1981).

Il est l'auteur, célèbre, de poésies latines et hellénistes.

Ayant communiqué son enthousiasme pour la culture gréco-latine, notamment à Ronsard, du Bellay et Baïf, il constitue la *Brigade* (qui deviendra la Pléiade) ; il participe au manifeste "Défense et illustration de la langue française" (1549) qui invite les artistes à composer leurs oeuvres en français.

A propos, notamment, de la *généalogie* de Dorat, les historiens, les exégètes, qui se sont succédé depuis le 17ème siècle, n'ont pas réussi à avancer avec certitude des noms, des dates et des lieux qui fussent au moins concordants, sinon similaires.

En fait, il n'existe "aucun acte d'état-civil qui fournisse des renseignements sur le père et la mère de Dorat. Le registre paroissial *le plus ancien* remonte au 1er janvier 1585 (trois ans avant la mort du poète) ; il ne peut donc servir pour éclairer l'ascendance de Dorat" (cf : F. Delage).

• *Quant à la mère de Jean Dorat* : On suppose, le plus souvent, qu'elle serait née chez les "de Bermondet, une famille d'honnêtes marchands du Limousin, dont les ascendants *auraient* été, du 15è au 18ème siècle, seigneurs de Boucheron et d'Oradour-sur-Vayres. Mais bien qu'elle porte le nom de "de Bermondet", aucun document ne *prouve* sa parenté avec ces seigneurs-là (cf : Lenage).

De son prénom, on n'indique partout que l'initiale : N. Est-ce Nadine, Noémie, Nadège, Nathalie, Nicolle, Noëlle ? Ou un autre prénom, plus à la mode en ce temps-là ?

• *Quant au père de Dorat* : Certains disent qu'il se prénomme Jean ; d'autres, qu'il s'agit de Martial, juge-garde de la Monnaie de Limoges. Les mêmes soutiennent, en tout cas, que son patronyme est Dorat ; que Dinemandi (dont l'équivalent français s'énonce Dinematin ou Disnematin) est un sobriquet, qu'il eut deux fils : Jean (notre poète), et Pierre. Lequel Pierre (dont on ignore tout de son épouse) eut pour fils un autre Pierre, devenu seigneur de la Chavalade, président et lieutenant-général de Limoges ; celui-ci se marie en 1560 avec Catherine des Cordes. Le couple a quatre fils : Jean (qui reste à Limoges) ; Joseph (qui va à Paris) ; Léonard-Michel (qui part à Bordeaux) ; et un autre Jean, (qui, lui aussi, reste à Limoges). (cf : Moreri, 1758).

Une autre hypothèse, plus vraisemblable, consiste à affirmer ceci : il s'agit bien d'un *Martial*, mais Dinemandi, qu'on présente en 1500, comme "Dinemandi le jeune, consul à Limoges" ; en 1504, un tombeau appartenant aux Dinematin est mentionné dans le cimetière dit "dessous les arbres", entre l'enclos de l'abbaye de Saint-Martial.

Et puis, à partir de 1510, on trouve beaucoup de Dinematin à Limoges. Ils sont magistrats, marchands, gardes-portes, garde-clefs ; ils demeurent, pour la plupart, dans les quartiers Lansécot, Manigne, rue du clocher, rue du Temple (cf : F. Delage).

Quoi qu'il en soit des interprétations identitaires, la plupart des historiens passés s'accordent à affirmer que le père de Jean Dorat est bien de "noble extraction".

• *Quant aux frères et sœurs de Jean Dorat* : D'aucuns ne concèdent qu'un frère (Pierre, donc) à Jean. Certains, réfutant cette éventualité, lui en dénichent deux, tout à fait autres : "un acte du 19 mars 1587, nous apprend que maître Jean Dorat, poète et interprète du Roy, demeurant à Paris, avait 2 frères :

François Disnematin, dict le Dourat l'aisné, changeur, et François Disnematin, dict le Dourat le jeune, demeurant à Limoges, etc. Cette pièce offre ceci de remarquable, que notre poète y est nommé Dorat, tandis que ses deux frères y sont désignés sous le nom de

Disnematin dit le Dourat, ce dernier mot paraissant être un sobriquet" (c.f. : F. Delage)

Mais curieusement, personne, parmi tous ces doctes biographes, ne mentionne l'existence des *sœurs* de Jean Dorat. Or, il en avait ! Il les évoque lui-même, au cours des suppliques qu'il adresse au futur Henri III, en 1569.

• *Quant à l'épouse de Jean Dorat* : Elle s'appelle donc Marguerite de Laval ; elle est issue - dit-on, sans autres précisions - d'une "très bonne famille" limousine. On situe sa mort "vers 1580" (Moreri, 1758).

En 1605, les neveux de Jean Dorat obtinrent des lettres patentes d'Henri IV, datées du 1er juillet, et enregistrées au Parlement de Bordeaux, le 17 août. Ces patentes les autorisaient à faire revivre le nom de *Dorat* que celui de Dinemandi avait fait oublier ; ce qu'ils obtinrent "tant en considération de leurs personnes, que pour la mémoire de feu Jean Dorat, leur oncle, poète et interprète de nos très chers Seigneurs et frères, les rois défunts François premier, Henri II, Charles IX et Henri III, que Dieu absolve".

En tout état de cause, un document décisif semble bien faire table rase de toutes les fables concernant le vrai patronyme de Jean Dorat : l'acte de mariage, le 21 décembre 1548, en l'église parisienne de Saint-André-des-Arcs ; il porte les mots : Jean Disnemandi, *alias Dorat*", et non pas l'inverse : Jean Dorat, alis Disnemandi. (F. Delage).

Parallèlement, Dorat rappelait volontiers qu'il était *Limogeois*, au sens propre du mot ; c'est donc bien à Limoges qu'il était né. D'autre part, il ne fait aucun doute qu'il est mort "*sans postérité mâle*". Ce qui dément formellement les allégations de certains historiens qui prétendent que Polycarpe, son tout dernier fils (né vers 1587) serait devenu, plus tard, un "très riche commerçant..."

LES POÈTES QUI PARTICIPÈRENT À LA PLÉIADE

• **Pléiades** : mythologie grecque - Nom des 7 filles d'Atlas et de Pléion. Désespérées des souffrances de leur père, elles se tuent, et sont métamorphosées en étoiles. La poésie s'est emparée de ce mot et a donné le nom de Pléiade à 7 poètes qui vivaient sous Ptolémée Philadelphe (- 309, - 246), roi d'Egypte : Lycophron de Chalcis ; Alexandre l'Etolien ; Philiscos de Corcyre ; Sosiphanes de Syracuse ; Homère de Byzance ; Sosithée d'Alexandrie ; Dionysades de Tarse.

En 1323, le terme "Pléiade" est appliqué à 7 poètes et à 7 poétesses de la région de Toulouse. Mais la plus connue demeure celle du milieu de ce XVIè siècle qui groupe les poètes suivants :

• **Autels (Guillaume des)** - (manoir de Vernoble, Bourgogne, 1529 - 1581)
Il prend la défense de l'orthographe étymologique, notamment contre Meigret, partisan de la tendance "phonétique". Il a publié des sonnets ("Amoureux repos", 1553) ; il prit la défense du catholicisme ("Remontrance au peuple français" ; "Eloge de la paix").
Il a laissé un récit imité de Rabelais : "Préhistoire barragouyne de Franfreluche et Gaudichon" (1574).
(Jacques Pelletier du Mans le remplace, dans la Pléiade, en 1555).

• **Baïf (Jean-Antoine de)** - (Venise 1532 - Paris 1589) - fils naturel de Lazare de Baïf (1496 - 1547) abbé de Charroux (Vienne), ambassadeur de François 1er à Venise et en Allemagne.

J.A. de Baïf préconisa l'orthographe phonétique, et une prosodie imitée de l'Antique. Avec l'appui de Charles IX, il a fondé l'académie de musique devenue plutôt littéraire sous Henri III.
Elève de Jean Dorat. Il traduit "Antigone" (1573) d'après Sophocle, et le "Brave" (1567) d'après Plaute. Ce poète érudit publie également : "Amours de Méline" (1552) et "Amours de Francine" (1585).

• **Bastier de La Péruse** (La Péruse, en Angoumois). Est dans le diocèse de Limoges vers 1529. Il fait ses études à Paris, au collège de Boncora. Il est dans la Pléiade après 1553. La première de ses oeuvres semble avoir été un sonnet, que Ronsard insère en août 1553 dans la 2è édition du cinquième livre de ses "Odes". Au début de 1554, il quitte Paris, pour étudier le droit à Poitiers, où il s'éprend de Catherine Cottel, à laquelle il adresse plusieurs pièces de vers.

• **Bellay (Joachim du)** - (Liré, 1522 - Paris, 1560). Il subit l'influence de Jacques Peletier du Mans. En 1547, il rencontre Ronsard.
Au collège de Coqueret, *il suit les leçons de Jean Dorat* (1547 - 1549). C'est lui qui signe le programme de la "Brigade", laquelle deviendra très vite la "Pléiade".
En 1549, il publie des sonnets : "l'Olive" (anagramme de Melle Viole ?). Gravement malade en 1550 (surdité), il part pour 4 ans à Rome, avec son oncle, le cardinal du Bellay.
A son retour, il publie : les "Regrets" (sonnets - 1558) ; "Les Antiquités de Rome", et "Divers jeux rustiques" (voeu d'un vanneur de blé, et hymne à la surdité). Il publie ensuite le "Discours du Roi", et "Le poète courtisan" (1550). Dans la Pléiade, il a oeuvré pour réformer la langue française, et régénérer la poésie. Mais il a laissé à Ronsard la place de chef, et s'est alors contenté de chanter ses déceptions, ses souffrances et ses colères.

• **Belleau (Rémi)** - (Nogent-le-Rotrou, 1528 - Paris, 1577)
Il est à la Pléiade dès 1554. Son oeuvre mêle le vers et la prose, (paysages champêtres, plaisirs de l'amour, où dialoguent, dans un beau langage, des bergers de convention) notamment dans la "Bergerie" (1565, augmentée en 1572).
Il évoque les mythes de l'Antiquité dans "Amours et nouveaux échanges de pierres précieuses" (1576). Il fut élève de J. Dorat.

• **Dorat (Jean)** - Dans la Pléiade - dont il fut l'âme, et l'un des principaux maîtres-d'oeuvre - il n'entre, de manière officielle et effective, qu'en 1582, à la mort de Jacques Peletier du Mans.

• **Jodelle (Etienne)** - (Paris, 1532 - 1573) - Poète et auteur dramatique. A 20 ans, devant Henri II, il révèle la première tragédie classique française : "Cléopâtre captive". Il est aussi l'auteur d'une comédie : "Eugène ou la rencontre" (1552). En 1560, il tombe en disgrâce, puis connaît une fin misérable. Jodelle plaida pour une sagesse inspirée par le danger des passions. Ce fut un esprit ouvert à toutes choses (architecture, sculpture, peinture) ; il était éloquent, et maniait bien... les armes.

• **Peletier du Mans (Jacques)** - (Le Mans, 1517 - Paris, 1582) - Partisan de l'orthographe d'après la prononciation. Traducteur d'Horace, et auteur de : "Oeuvres pratiques" (1547) ; "Art poétique français" (1555). Cette année-là (1555), il entre à la Pléiade (où il remplace Guillaume des Autels).

• **Pontus de Tyard (ou de Thiard)** - (Mâconnais, 1521 - id., 1605).
Poète, il est consacré évêque de Châlons-sur-Saône en 1578.
Ami de Maurice Scève, il est d'abord disciple de l'école lyonnaise, avec son recueil "Erreurs

amoureuses" (1549). Aumônier d'Henri III, il occupe ensuite le siège épiscopal de Mâcon, d'où les Ligueurs le chassent. Rattaché à la Pléiade par Ronsard, il écrit le "Livre des vers lyriques" (1555), avant de se consacrer à des ouvrages religieux et philosophiques.

- **Ronsard (Pierre de)** - (Vendômois 1524 - St. Cosme-lez-Tours 1585).
  Elève de Jean Dorat. Il devint le chef de la Pléiade.
  En 1542, il est atteint d'une surdité subite. Il publie notamment les *Odes* (1550 - 1556) où il imite Pindare et Horace.
  Puis ce seront : *Amours de Cassandre* (1552), sonnets pétrarquistes ; *Amours de Marie* (1555) poèmes d'inspiration personnelle ; *Hymnes* (1555 - 1556) poèmes au ton épique ; *Le Discours* (1560 - 1563), dans lequel il déploie son génie oratoire et satirique en faveur de Charles IX et de la foi catholique, la Franciade, épopée savante inachevée.
  Il est évincé par Desportes. Il se retire dans son prieuré de St Cosme, et compose les "*Amours d'Hélène*" (1578), puis des sonnets émouvants sur ses souffrances physiques et sa confiance de chrétien devant la mort.
  Il est proclamé "prince des poètes".

* ***Humanistes*** : personne versée dans la connaissance des langues et des littératures anciennes.

- **Catulle** (Caïus Valerius Catallus) - (Vérone, - 87 - 54) - Poète latin auteur de pièces lyriques sur sa passion pour Lesbie (sa maîtresse Claudia).

- **HORACE** (Quintus Horatius Flaccus) - (Venouse - 63 - 8) ; Poète latin. Il se lia avec Brutus, le meurtrier de César. Il compose des vers lyriques (Epodes). Il est épicurien. Pour lui, la simplicité rustique est une des conditions du bonheur. Il chante le loisir (stium) qui est aussi la paix de l'esprit et de l'âme, la liberté intérieure.
  Son œuvre fait de lui un modèle de l'équilibre et de la mesure (c.f. : les Satires et les Epîtres).

- **OVIDE** (Publius Ovidius Naso) - Poète latin (- 43 - 17) ; Favori de la haute société, plus intellectuel que poète.
  Œuvres érotiques ; lettres fictives d'héroïnes mythologiques, traités parodiques sur la société élégante de Rome ; recherches érudites ; calendrier commenté ; échos de la douleur de l'exilé. Ses "Métamorphoses" sont des poèmes mythologiques en 15 livres.

- **PETRARQUE** (Francesco) - (Auzzo 1304 - près de Padoue 1374)
  Poète et humaniste italien - Dans ses poèmes, où il excelle à sublimer ses sentiments amoureux, il exprime également son état de déchirement entre le mysticisme et la raison, et son obsession de la fragilité de l'existence.

- **PROPERCE** (Sectus Aurelius Propertius) - (Ombrie, - 47 - 15) ; Poète latin. Auteur de 4 livres d'Elégie, chantant son amour pour Cynthie. Poète de l'amour romantique, à l'imagination sombre et inquiète, à la langue parfois hermétique. Son inspiration est vigoureuse et sincère. C'est le plus personnel des élégiaques de l'époque augustéenne.

- **TIBULLE** (Albius Tibullus) - Poète latin, auteur d'élégies - Poète de la vie rurale. Ami de Properce et d'Ovide.

- **VIRGILE** (Publius Vergilius Maro). (- 70 - 19).
Poète latin, qui exalte, notamment, l'homme face à la nature, et la valeur édifiante du travail (le "durus labor"). Auteur des *Bucoliques*, des *Georgiques*, et de l'*Enéide* qui préfigure la victoire d'Auguste, fils d'Enée.

PERSONNAGES HISTORIQUES ÉVOQUÉS

• **Bourbon** (connétable de) - Charles III, 8ème duc de Bourbon - (Montpensier, 1490 - Rome, 1527) - En 1505, il épouse sa cousine, fille de Pierre II de Beaujeu. En 1514, il reçoit le titre de connétable, et contribue de manière décisive à la bataille de Marignan (1515). Après la mort de sa femme (1521) il refuse la main (1523) de Louise de Savoie, mère de François 1er. Cette dernière lui réclame l'héritage des Bourbons. Il passe alors au service de Charles Quint, et contribue à la défaite française de Pavie (1525). Il est tué au siège de Rome (1527). La lignée aînée des Bourbons s'éteint avec lui, et François 1er confisque ses domaines.

• **Charles IX** - (St Germain-en-Lae, 1550 - Vincennes, 1574) - Roi de France, de 1560 à 1574 - Second fils d'Henri II et de Catherine de Médicis, il succède à son frère, François II. Lors de sa régence, sa mère garde sur lui une influence très importante.
Après la paix de Saint-Germain (1570) il laisse gouverner Coligny ; puis il cède à la pression de l'opinion catholique et ordonne, à contrecoeur, le massacre de la Saint-Barthélémy, auquel il ne survit que peu de temps.

• **Claude de France** - (Romorantin, 1499 - Blois, 1524) - Fille de Louis XII et d'Anne de Bretagne, elle est mariée (en 1514) au futur François 1er. Laide, boiteuse, elle est délaissée par son mari, mais jouit d'une grande popularité. Elle est la mère d'Henri II.

• **Coligny** (Gaspard de Châtillon, sire de) - (Châtillon. s. Loing, 1519 - Paris 1572 - Amiral. D'abord catholique, il passe à la Réforme. Avec Condé, il est l'un des principaux chefs huguenots. Il sera tué lors de la Saint-Barthélémy.

• **Diane de Poitiers** - (1499 - Anet, 1560) - Duchesse de Valentinois - Fille de Jean de Poitiers, seigneur de Saint-Vallier, elle épouse Louis de Brézé, dont elle est veuve à 32 ans (1531). Ele devient bientôt la maîtresse du futur Henri II (alors qu'elle a 20 ans de plus que lui...). Elle encourage les arts. Pour elle, Henri II fera construire le château d'Anet (en Eure-et-Loir).

• **François 1er** - (Cognac, 1494 - Rambouillet, 1547) - Roi de France, de 1515 à 1547 - Fils de Charles de Valois, comte d'Angoulême, et de Louise de Savoie. Il renforce l'absolutisme royal, et développe la vie de cour. Il encourage vivement les arts (Renaissance italienne en France).

• **François II** - (Fontainebleau, 1544 - Paris, 1560 - Roi de France (1559 - 1560)
Fils aîné de Catherine de Médicis et d'Henri II, il épouse Marie Suart. Monté sur le trône, il laisse gouverner les oncles de celle-ci, les Guise.

• **Henri II** - (St Germain-en-Laye, 1519 - Paris, 1559 - roi de France (1547 - 1559). Fils de François 1er et de Claude de France.
Sous l'influence de sa favorite, Diane de Poitiers, il laisse se développer la puissance des Guise, combat le calvinisme, renforce la centralisation du pouvoir par l'administration. Marié à Catherine de Médicis, il a dix enfants, dont trois fils qui règneront : François II, Charles IX, Henri III.

• **Henri III** - (Fontainebleau, 1551 - St Cloud, 1589) - Roi de France, de 1574 à 1589 - Troisième fils d'Henri II et de Catherine de Médicis. Sa mère le fit élire roi de Pologne (1573)
Il revient bientôt en France succéder à son frère Charles IX, et épouse Louise de Lorraine. Personnalité complexe, intelligente, cultivée, il ne réalise pas d'union autour de lui ; car son indécision et son

homosexualité lui font accorder un crédit excessif à ses mignons (Epernon, Joyeuse).
* *Anne de Joyeuse* (1561 - Coutras, 1587) - Amiral. Favori d'Henri III qui le couvre d'honneurs ; chargé de combattre les calvinistes en Guyenne, il est tué à a bataille de Coutras.
* *Epernon* (Jean-Louis de Nogaret de la Valette, duc d')-(Caumont, 1554 - Loches, 1642). Favori d'Henri III, il sera définitivement écarté du pouvoir par Richelieu).

• **Hospital** (Michel de l') - (Aigueperse, Puy-de-dôme, v. 1504 - près d'Etampes, 1573) - Il fait ses études à Padoue, son père ayant suivi le connétable de Bourbon, en exil. Chancelier particulier de Marguerite de Navarre, il protège les poètes de la Pléiade, et compose lui-même des poèmes latins. Conseiller au Parlement, président de la chambre des Comptes, il devient chancelier de France (1560). Il veut une réforme administrative, et aussi l'apaisement en matière religieuse : l'édit de Romorantin (1560) arrête l'installation de l'Inquisition en France.
Michel de l'Hospital se heurte alors à l'opposition des catholiques. Le massacre de Wassy, en 1562 (où le duc de Guise fait massacrer la population protestante), ouvre les guerres de religion. Impuissant, Michel de l'Hopital quitte la cour en 1568. (En 1572, il faillit être victime de la "Saint-Barthélémy"). Il a laissé un "Traité de la Réformation", des "Harangues", et un "Testament politique".
* *Wassy* (ou Wassy-sur-Blaise) se situe en Haute-Marne, près de Saint-Dizier - En 1591, elle fut pillée par les Ligueurs...

• **Jules II** (Guliano Della Rovere) - (1453 - 1513) - Pape de 1503 à 1513 - Prince temporel plutôt que guide des âmes, Il restaure la puissance politique des papes en Italie. Ame de la Sainte-Ligue (1511 - 1512) contre la France. Il fait travailler les artistes.

• **Léon X** (Jean de Médicis) - (Florence, 1475 - Rome, 1521) - Pape de 1513 à 1521. Admirateur des chefs-d'oeuvre de l'Antiquité, il protège les arts, les lettres, et les sciences. Prince fastueux, il pratique le népotisme.

• **Louise de Savoie** (Pont d'Ain, 1476 - Guez-sur-Loing, 1531) - Elle est belle, intelligente, mais aussi intrigante et avide, avec de bonnes capacités politiques. Elle protège les savants, et laissera des "Mémoires". Mariée à Charles de Valois (comte d'Angoulême) elle a deux enfants : Marguerite de Navarre, et François 1er.

• **Marguerite de Navarre** (ou d'Angoulême) - (Angoulême, 1492 - Odos, Bigorre, 1549) - Reine de Navarre. Fille de Charles d'Orléans (comte d'Anjou) et de Louise de Savoie, elle est la soeur de François 1er. Elle épouse Charles, duc d'Alençon (1509), puis Henri d'Albret, roi de Navarre (1527). Très instruite, fervente chrétienne, séduite par la Réforme, elle protège les protestants. Elle connaît et entoure : Marot, Rabelais (qui lui dédie son "Tiers Livre").

• **Marguerite de Valois** (dite : la reine Margot) - (St Germain-en-Laye, 1553 - Paris, 1615). Fille d'Henri II et de Catherine de Médicis.
Mariée à Henri de Navarre (futur Henri IV) en 1572. Les deux époux se sépareront peu après. (Son mariage avec Henri IV, donc, sera annulé). Intelligente et cultivée, mais victime de sa nymphomanie, elle sera chassée de la cour par Henri III, son frère, et enfermée à Usson (Auvergne) de 1587 à 1605.

• **Marot Clément** - (Cahors, 1495 - Turin, 1544) - Fils du rhétoriqueur Jean Marot, et "valet de chambre" de François 1er, puis de sa soeur Marguerite, future reine de Navarre, il est l'auteur de poésies de cour qui obéissent aux formes traditionnelles (c.f. : le dizain "D'Anna qui lui jeta la neige"), et de pièces de circonstance ("Temple de Cupido", 1515) groupées

dans le recueil "L'Adolescence clémentine" (1532). En 1535, il rencontre Calvin.
Soupçonné (dès 1534) de sympathie pour la Réforme, il connaît l'exil et une mort solitaire.
Il évoque ses épreuves, à travers ses épîtres : "Epître au Roi pour le délivrer de la prison" (1527) ; "Epître à Lyon Jamet" (1526)
On lui doit une traduction des "Psaumes" (1536). Il aura épuré la langue de son temps, révélé des inventions verbales, et se sera exprimé avec pittoresque et clarté.

- **Montaigne** (Michel Eyqyem de) - (château de Montaigne, Dordogne, 1533 - Bordeaux, 1592) - Magistrat à Bordeaux, il se retire sur ses terres, après un long voyage (1580 - 1581) - Son célèbre ouvrage ("Essais" (tentatives et expériences)) est publié en 1580.

- **Montgomery** (Gabriel de Lorges, comte de) - (v. 1530 - Paris, v. 1579)
Homme de guerre. Capitaine de la garde écossaise, il cause involontairement la mort d'Henri II, au cours d'un tournoi (1559). Après un séjour en Angleterre, il revient prendre la tête des Huguenots (1562), tente de secourir la Rochelle (1579) et, vaincu à Domfront (Orne), il est condamné à mort.

- **Nolhac** (Pierre Girauld de) - Ambert 1859 - Paris 1936-
Poète érudit et historien - Auteur d'ouvrages sur les humanistes (Ac. Française 1922).

- **Rabelais François** - (Chinon, v. 1494 - Paris, 1553) - Successivement moine lettré, médecin fameux, professeur d'anatomie, puis curé de Meudon. On lui doit : "Pantagruel" (1532) ; "Gargantua" (1534) ; le "Tiers Livre" (1546) ; le "Quart Livre ? (1548) ; Le "Cinquième Livre" (publié en 1564 - partiellement apocryphe).

* Au début de janvier 1994 - (500è anniversaire de la naissance de Rabelais), des ministres français ont cotisé pour "offrir un cadeau" au Premier ministre (Edouard Balladur). Celui-ci révèle qu'il s'agit d'un exemplaire (sans doute luxueux) de "l'œuvre de Rabelais". (F. 3 - 4 janv. 1994 - 22 h 20).

• **Renaissance** - (quelques personnages italiens de référence) :

* *Arioste* (Ludivico, dit l') - (1444 - 1533). Poète. Ses poèmes latins, d'inspiration amoureuse, évoquent les élégiaques latins. Il fait preuve d'une aisance souriante, d'une langue riche, poétique et pittoresque, dans un long poème héroï-comique : "Roland Furieux" (v. 1502 - publié en 1516 et 1532).

* *Bembo Pietro* - (Venise, 1470 - Rome, 1547). Cardinal et humaniste. Ami de l'Arioste, il est un professeur (et un poète) de talent. Il admire les Grecs (Pétrarque) ; pour lui, les classiques grecs et latins restent des modèles à suivre.

* *Boccace Giovanni* - (Paris ? 1313 - Toscane, 1375) - Né de père toscan et de mère française, il publie des fables pastorales (v. 1341 - 1342) ; une idylle mythologique en vers (1344 - 1346) Son "Décaméron" (v. 1350 - 1353) savoureux recueil de nouvelles à l'écriture raffinée, demeure son chef-d'oeuvre.

* *Machiavel* - (Florence, 1469 - 1527). Auteur du célèbre "Le Prince" (1513).

* *Michel-Ange* (Buanorroti, dit) - (1475 - 1564) - Sculpteur, peintre, architecte, ingénieur et poète.

* *Raphaël* (Sanzis, dit) - (1483 - 1520) - Peintre.

* *La Tasse Torquato* (1544 - 1595) - Poète ; auteur de poésies lyriques, de poèmes narratifs ou didactiques. En proie à des crises d'angoisses ou d'hallucinations ("Lettres", 1588) alternant avec des périodes de lucidité, il est interné. Sorti de l'asile en 1586, il erre, puis meurt à Rome.

* *Trissino Gien Giorgio* - (1478 - 1550). Ecrivain, il a les faveurs de Léon X, Clément VII et Paul III, qui le chargent de diverses missions diplomatiques.

Bibliographie consultée

- *Biographie des hommes illustres de l'ancienne province du Limousin* - par F. Arbellot et H. du Boys - (1854 et 1971).
- *Dictionnaire de biographie française* - tome 11ème - 1967 - et Tome 6ème.
- *Les Disnematin et Jean Dorat* - par Franck Delage - Tome 84 (Sté archéologique et historique du Limousin).
- *Dorat en son temps,* par Geneviève Demerson - Edit. Adosa, 1983).
- *Eloge de J. Dorat,* poète et interprète du Roy - prononcé le 22 août 1775 (avant la distribution des prix du Collège royal de Limoges) par l'abbé Vitrac, professeur d'humanités - Edité à Limoges, chez Martial Barbou, imprimeur du Roi et du Collège.
- *Grand dictionnaire historique*, par Lous Moreri (prêtre, docteur en théologie - tome 4ème - (Edit. Les Librairies associés, Paris, 1758 - Avec approbation et privilège du Roi).
- *Histoire du Limousin et de la Marche limousine, par Joseph* Nouaillhac (éditée par la revue "Lemouzi", 1981).
- *Limousin* 'Edit. christine Bonneton, 1984) - Article de Roger Mathé.
- *Nouvelle biographie générale* (des temps les plus reculés jusqu'à nos jours) - Tome 45 (publ. par Firmin-Did et C°, sous la direction du Dr Hoeffer) - Tome 14 : biogr. des femmes célèbres.
- *Petit Larousse* - (Edit. 1972 et 1992).
- *Petit Robert* 2 (noms propres) - Edit. 1974).
- *Quillet* (encyclopédie en 10 volumes, 1983).
- *Remarques sur la vie d'Ayrault*, par Lenage (p. 189 et 499).
- *Œuvres poétiques de Jean Dorat*, poète et interprète du Roy (avec une notice biographique et des notes) - par Ch. Marty-Laveaux (Edit. Alponse Lemerre, Paris, 1880)
- *Notices biographiques sur Pierre de Ronsard* - par Ch. Marty-Laveaux, 1894.

Remerciements :

Nous remercions, pour leur bienveillante collaboration et leur courtoisie : François-Edouard Bideau, à Limoges ; la Bibliothèque Municipale (Limoges) ; la Bibliothèque Nationale, et les Archives de France (Paris).

NOTES

AVERTISSEMENT

(1) En fin d'ouvrage (partie GLOSSAIRE), voir le texte plus particulièrement consacré à la généalogie de Jean Dorat.

(2) A propos des "trois Mousquetaires".

AVANT 1508

(1) Gutenberg (Hohannes Gensfleisch, dit) - Mayence, avant 1440 - id., 1468) De 1450 à 1455, il met au point la technique typographique (son premier livre est la fameuse Bible dite “à 42 lignes”. En 1465, il est anobli par l’archevêque de Mayence.

(2) Charles d’Orléans (Paris, 1391 - Amboise, 1455) - Petit-fils de Charles V, neveu de Charles VI ; grand seigneur, chef des Armagnacs.

(3) Louis XI (1423-1483) - roi de 1461 à 1483 - Fils de Charles VII. Sa seconde femme, Charlotte de Savoie, sera la mère de Charles VIII et de Jeanne de France.

(4) Jeanne de France (ou de Valois) - (1464 - Bourges, 1505) - Après avoir été répudiée (en 1498) par son mari (devenu Louis XII), elle se retire à Bourges et y fonde l’ordre de l’Annonciade (1501) - Sainte, elle est fêtée le 4 février.

(5) En 1453, Byzance devient capitale de l’empire ottoman, sous le nom d’Istanbul.

(6) Christophe Colomb (Gênes ou Savone, v. 1451 - Valladoïd, 1506) - Navigateur d’origine italienne.

(7) Charles VIII - (1470 - 1498) - roi de 1483 à 1498 - Fils de Louis XI ; neveu de Charles VI.

(8) Anne de Bretagne - (Nantes, 1476 - Blois, 1514) - Fille de François II, dernier duc de Bretagne, auquel elle succède en 1488. En 1490 - elle a 14 ans - elle est mariée, par procuration, à l’empereur allemand Maximilien 1er ; mais finalement, elle épouse Charles VIII.

(9) Jusqu’en 1527, date à laquelle la ville sera pillée.

(10) Louis XII - (Blois, 1462- Paris, 1515) - Roi, de 1497 à 1515.

(11) De ce second mariage, naîtront 2 filles : Claude de France, la future épouse de François 1er ; et Renée de France, qui deviendra la duchesse de Ferrare.

(12) Visconti - (1351 - 1402).
(13) Charles VI (1368 - 1422) - roi de 1380 à 1422.
Charles VII (1403 - 1461) - roi, de 1422 à 1461.
(14) voir glossaire, en Annexes.
(15) Celles, entre autres, de Dante, Pétrarque, Boccace.

1508 - 1530

(1) Le vicomté de Limoges (12ème siècle) sera réuni à la couronne Par Henri IV, au 17ème siècle.

(2) Saint-Martial : selon Grégoire de Tours, l'un des sept évêques qui auraient été envoyés en Gaule vers le milieu du IIIè siècle, pour y prêcher l'Evangile. Après avoir converti l'Aquitaine, le Rouergue, le Poitou et la Saintonge, il devient évêque de Limoges, où il meurt, et est inhumé. L'abbaye de Saint-Martial sera fondée en 848, sur son tombeau.

(3) Charles V le Sage (Vincennes, 1338 - Nogent-sur-Marne, 1380) - roi de 1364 à 1380 - Mari de Jeanne de Bourbon - A sa mort, les Anglais n'occupaient plus guère que Bordeaux et Calais.

(4) Commencé en 1273, sur les plans de l'architecte Jean Descamp, l'édifice ne sera véritablement achevé qu'en 1888...

(5) Car Limoges aura une autre particularité, sans doute unique en France : elle possèdera pratiquement deux municipalités : celle de la Cité (autour de la cathédrale et de l'Evêché) ; et celle du Château (autour de la Motte, de l'abbaye Saint-Martial et de Saint-Michel-des-Lions) ; deux "villes" fermées chacune par des remparts, et économiquement rivales ; la Révolution (après 1789) mettra fin à cette dualité.

(6) Ceux de Louis XII ; François 1er ; Henri II ; François II ; Charles IX ; Henri III.

(7) ou : Amy.

(8) Guillaume Budé (Paris, 1467 - 1540) - Humaniste français.

(9) Rupture de l'union dans l'église chrétienne.

(10) ou "Réformation".

(11) Louis XII épouse Marie, au début de 1515 - Devenue veuve, Marie d'Angleterre (1496 - 1534) se remarie aussitôt avec le duc de Suffolk.

(12) Charles III, connétable de Bourbon (1490 - 1527).

(13) Commencée par Thomas Bohier, la construction sera poursuivie jusqu'à la fin du 16ème siècle, à l'instigation de Diane de Poitiers et de Catherine de Médicis, qui l'occupèrent successivement.

(14) Par l'architecte Pierre Chambiges (Pierre 1er, né ? - mort en 1544).

NB. En cet an 1515, meurt, à l'âge de 62 ans, un grand navigateur et conquistador portugais : Alfonso de Albriquerque (1453 - Goa, 1515) - Nommé vice-roi des Tudes (1508), il contribua à l'extension de l'empire colonial portugais (1508 - 1511).

(15) Duprat Antoine (Issoire, 1463 - Nantouillet, 1535) - Avocat, prélat, premier président du Parlement de Paris (1507) ; archevêque de Lens, puis cardinal (1523).

(16) Montmorency (Anne, 1er duc de) - (Chantilly, 1493 - Paris, 1567) - Il se distingue à Ravenne (1512), à Marignan (1515), à la Bicoque (1523) - Il est nommé maréchal (1536), puis connétable de France.

(17) en 1525).

(18) Duchesse d'Etampes : Anne de Pisseleu (1508 - 1580).

(19) Qui deviendra alors duc d'Etampes et gouverneur de Bretagne.

(20) Génie universel, à la fois peintre, sculpteur, ingénieur, savant, il aura affirmé la supériorité de la recherche scientifique la plus humble sur les spéculations métaphysiques les plus relevées. Pour lui, le plus grand des Anciens ne pouvait être qu'Archimède. Dans la mort, il précède de quelques mois son compatriote Raphaël qui, lui, expirera à Rome, dans sa 37ème année.

(21) Les Ostensions limousines seront interrompues seulement en 1547 (à cause de la peste), puis durant la Révolution (dès 1789) ; elles reprendront en 1806.

(22) Eble de Comboin : vicomte de Ventadour (12è siècle).

(23) Eble II - (1090 - 1147).

(24) Gerald de la Borne (13è s.). Il porta le titre de "Mestre des Troubadours".

(25) Bernard de Ventadour : (1150 - 1200).

(26) Bertran de Born : (1140) 1215).

(27) Rutebeuf (13ème siècle) : trouvère parisien qui connut la misère des jongleurs.

(28) "Ballade des dames du temps jadis" (le texte intégral fut mis en musique (et chanté) par Georges Brassens, dans les années... 1960).

(29) Les bouchers constituaient une puissante corporation, au sein de laquelle s'affairaient de père en fils, les 6 mêmes lignées familiales : Cibot, Juge, Malinvaud, Parot, Pouret, Plainemaison... Traditionnellement, le parrain de chaque nouveau-né est son propre grand-père ; l'enfant baptisé porte donc le prénom de celui-ci.

(30) La confrérie religieuse des bouchers est créée après 1311. Son saint patron, Aurélien, est plus particulièrement invoqué les jours d'orage ; et aussi pour se préserver des maux de tête et d'oreilles, sinon pour les guérir.

En 1604, Henri IV confirme, de façon officielle et solennelle, la célébrité de la corporation des bouchers de Limoges.

(31) abat : averse violente et abondante.

(32) Aurence : depuis longtemps, le sous-sol limousin recélait de l'or et de l'argent. Les "aurières", exploitations gallo-romaines, laissèrent leurs noms à des villages d'alentour (tel : Laurière). Dès le Vème siècle - et pour les orfèvres de Limoges - les orpailleurs limousins sortaient le métal des eaux de cette rivière, dès lors baptisée Aurence...

HB. à la fin de cet an 1524, meurt Vasco de Gama (v. 1469 - Cochin, (Inde) 24 déc. 1524). Navigateur portugais, il découvre la route des Indes, pour le cap de Bonne Espérance (1497). Il est nommé amiral des Indes par le roi Manuel ; en 1524, précisément, il est vice-roi des Indes.

(33) Seigneur de la Palice (1470 - 1525). Il combattit, précédemment, à Marignan. Il fut un des plus brillants capitaines de son temps. C'est à sa gloire que ses soldats émirent la naïve et célèbre chanson : "un quart d'heure avant sa mort, M. de la Palice vivait encore".

(34) Semblançay (Jacques de Beaune, seigneur de) - (Tours, 1445 - Montluçon, 1527). Il fut l'un des principaux banquiers de Charles VIII, Louis XII et François 1er, et surintendant des Finances, à partir de 1518. Louise de Savoie, après l'avoir accusé en vain de ses propres malversations, le fait condamner à mort (en l'absence du roi, prisonnier à Pavie), mais sans parvenir à atteindre sa réputation.

(35) Dell'Abate Nicolas (v. 1509 - 1571) - Peintre. Appelé en France en 1552...

Le Primatice Francesco (1504 - 1570) - Peintre et décorateur. Nommé surintendant des bâtiments royaux par François II, en 1559.

Rosso Florentino (Giovanni Battista di Jacopa, dit) - (1494 - 1540) - Peintre et décorateur.

(36) Bramante Donato di Angelo (1444 - 1514) - Architecte et peintre. Il a adapté, d'une manière rigoureuse et originale, les formes antiques aux exigences monumentales et symboliques de la papauté.

(37) Mais le pillage de la ville permet finalement, après 1527, d'améliorer l'urbanisme en perçant de grandes rues.

(38) Celui-là même qui, quelques années auparavant, connut et influença le jeune Rabelais, à Fontenay-le-Comte.

(39) Situé près de la Sorbonne, il deviendra, plus tard, Collège des lecteurs royaux, puis Collège de France sous la Restauration. Rattaché, en 1852, au ministère de l'Education nationale, il restera pourtant indépendant de l'Université.

(40) Médée : magicien célèbre pour ses crimes, dont la légende appartient au cycle des Argonautes.

FRANÇOIS V I L L O N.

(1) Couramment appelé "Ballade des pendus" (1463).

Textes extraits de "François Villon, poésies", par Jean DUFOURNET (Imprim. nationale, 1984).

François Villon - (v. 1434 - après 1463) - François de Montcorbier, ou des Loges, il prend son nom à son professeur, Guillaume de Villon. Licencié et maître ès arts (1452), c'est un "maître du langage et peut-être, le plus grand des rhétoriqueurs". Il est "le premier poète à la moderne" (selon André Suarès).

1531 - 1540

(1) Calvin (Jean Cauvin, dit) à Orléans - (1509 - 1564). C'est après avoir étudié les lettres (à Paris), la philosophie, et le droit (à Bourges, qu'il entre, comme élève, au "Collège des Trois Langues".

(2) Toussain Jacques (en latin : Tusanus) - (Troyes, v. 1495 - Paris, 16 mars 1547) - Il étudie, à Paris - où il vit avec Louis Ruzé, un savant fort riche -, sous la direction de Guillaume Budé. En 1518, il rencontre Erasme. Devenu professeur au Collège royal, il forme d'illustres élèves, parmi lesquels Fred Morel, Henri Estienne, et Turnèbe.

• Erasme Dicher - (Rotterdam, v. 1459 - Bâle, 1536) - Fils naturel ; humaniste célèbre ; il cherche à concilier l'études des Anciens et les enseignements de l'Evangile.

• Estienne (Henri II d') - (Paris, 1531 - Lyon, 1598) - Philosophe et grammairien célèbre.

(3) Selon Vitrac, 1775.

(4) Selon, entre autres, Papire Masson. D'autres prétendent qu'il s'agit là d'une légende. Si tel est le cas, elle est trop belle pour qu'on n'en fasse pas une vérité.

(5) Catherine de Médicis (Florence, 1519 - Blois, 1589) - Fille de Laurent II de Médicis, duc d'Orbino ; lequel gouverna Florence pour le compte du pape Léon X - A Florence, les arts sont alors soutenus par la prospérité du commerce, de l'industrie, et des grandes familles de marchands et de banquiers - Florence est la patrie de Léonard de Vinci, Michel Ange, Raphaël, Machiavel ; etc.

(6) Transsubstantiation : transformation de la substance du pain et du vin, en celle du corps et du sang de Jésus-Christ (dogme défini en 1551, au concile de Trente).

(7) Consubstantiation : présence du Christ dans le pain et le vin de l'eucharistie, selon l'Eglise luthérienne.

(8) Selon Vitrac, 1775.

(9) Dinandier : artisan qui produit des objets en laiton coulé.

(10) La Guyenne : après avoir été donnée en apanage par Louis XI à son frère Charles (1469), elle revient à la Couronne. Avec la Gascogne, la Saintonge, le Limousin et le Béarn, elle forme un grand gouvernement qui avait Bordeaux pour capitale.

(11) . Arras se rallie à Maximilien d'Autriche dès 1493. Et Louis XIII ne conquerra la ville qu'en 1640. Entre ces deux dates, pratiquement, les Autrichiens sont restés maîtres de la cité.

(12) Selon, Lioran, dans : "Sur les cimes du désespoir" "Edit. de 'Herne, 1990) - Traduit du roumain.

(13) Ignace de Loyola (1491 - Rome, 1556) - (Saint canonisé en 1622) - A Paris, entre 1528 et 1534, il groupe ses premiers disciples : Pierre Favre ; François Xavier ; Jacques Lainez ; Alphonse Salmeron ; Nicolas Bobadilla ; Simon Rodriguez. Le 15 août 1534, à Montmartre, tous les sept prononcent des voeux de "pauvreté, de chasteté et d'apostolat, en Terre sainte, ou ailleurs".

(14) Après Macrin, sans doute, qui lui, passait pour un autre Horace...

N.B. A travers ces huit vers, le poète Clément Marot résume peut-être l'essentiel de son propre credo :
"*Plus ne suis ce que j'ai été*
Et ne le saurais jamais être ;
Mon beau printemps et mon été
On fait le saut par la fenêtre ;
Amour, tu as été mon maître :
Je t'ai servi sur tous les dieux.
O, si je pouvais deux fois naître,
Comme je te servirais mieux !"

(1) Baïf (Lazare de) - (près La Flèche, 1496 - Paris, 1547 - Diplomate et humaniste. Conseiller de François 1er ; ambassadeur à Venise, (1529) puis en Allemagne. Il avait fait ses études à Rome, où il fut élève de Jean Lascaris. Il a traduit quatre Vies de Plutarque, et, en vers français, de l'Electre, de Sophocle. Il a également publié des ouvrages d'archéologie : De re vestiara (1526) ; De re navali (1536). C'est à Venise, en 1532, que naît son fils naturel Jean-Antoine, qu'il reconnût aussitôt.

• Jean-André Lascaris (v. 1445 - Rome, 1534) - Erudit grec. Après la prise de Constantinople par les Turcs, il se réfugie en Italie. Il fait deux voyages en Grèce, et en rapporte un grand nombre de manuscrits anciens. A Paris, il est le maître de Guillaume Budé.

(2) Scève Maurice - (Lyon, 1501 - id. vers 1564) - Poète et érudit, rattaché à l'école lyonnaise, comme Pontus de Tyard et Sébillet. Il est l'auteur d'une épopée ("Microcosme") et de poésies amoureuses : "Délie" (1544), "objet de plus haute vertu" ; cet ouvrage est fait de dizains en octosyllabes, en un composé de confidences lyriques sur la femme aimée, et de symboles mystiques. ("Délie" est l'anagramme de 'l'idéc").

(3) Plus tard, Baïf - poète alors très érudit - sera même un mélodiste apprécié ; avec l'appui de Charles IX, il fondera une académie de musique, devenue plutôt littéraire sous Henri III.

(4) Car Dorat, qui se consacre à ses élèves "personnels", n'est plus précepteurs des pages royaux.

(5) cf : Claude Binet : "Vie de Ronsard" (Oeuvres) - 1623.

(6) De chez le professeur Tusan.

(7) Dans son "Epître au Roy" - A noter qu'à l'instant où il est précepteur de Jean-Antoine, (1544), Dorat demeure au quartier de l'Université, chez Lazare de Baïf, "maître des requêtes ordinaires de l'Hôtel du Roi".

(8) Solon : législateur et poète athémien (v. - 640 ; v. - 558) - L'un des Sept Sages de la Grèce.

(9) Anet, près de Dreux (Eure et Loir) : célèbre château construit par Philippe Delorme (1510 - 1570), et décoré par Jean Goujon (1510 - 1566), pour Diane de Poitiers.

NB : en 1546, Rabelais (52 ans) publie son "Tiers livre", et il le dédie à Marguerite de Navarre (54 ans), épouse (depuis 1527) d'Henri d'Albret, roi de Navarre.

(10) Selon Roger Mathé.

(11) Selon J. Monailhac.

(12) Jamyn (Amadia) - Poète français né à Chaource (1540 - 1593).

Disciple de Ronsard. Elève de Jean Dorat, et de Turnèbe, Jamyn collabora à la préparation de "La Franciade" (1572) cette épopée inachevée où Ronsard s'inspire de l'Enéide et attribue à Francus, fils d'Hector, la fondation du royaume de France. Ses "Œuvres poétiques" (1575) renferment des poèmes d'une mélacolie charmante.

(13) La Boétie (Etienne de) - (Sarlat, 1530 - près de Bordeaux, 1553).

(14) Brigade (italien brigata, troupe) : équipe qui travaille ensemble sous la surveillance d'un chef.

(15) Sébillet Thomas (probabl. Paris, 1512 - 1589).

(16) Lyon : au 16ème siècle, il y règne une grande activité : l'industrie de la soie est prospère ; l'imprimerie se développe ; marchands et banquiers affluent ; la vie intellectuelle est intense.

(17) D'aucuns disent plutôt : Magdelaine.

(18) Officiel : juge ecclésiastique ; ses principales attributions incluent les "procès à entreprendre pour obtenir le mariage..."

(19) Limosin : célèbre famille d'émailleurs limousins : Léonard 1er (1505 - 1580) devient peintre du roi. Il laissera, entre autres, 1500 pièces, 100 portraits (François 1er, Henri II, Marguerite de Valois, duc de Guise) et la célèbre série des "12 apôtres". Citons aussi Léonard II (1550 - 1625) émailleur en noir, et bon technicien.

1551 - 1560

(1) Amyot Jacques - (Melun, 1513 - Auxerre, 1595) - Humaniste. En 1547, il a la faveur de la cour. Il deviendra grand aumônier de France, et évêque d'Auxerre. Il a traduit de nombreux ouvrages d'auteurs de l'Antiquité.

(2) Belleau suscitera longtemps l'admiration de Ronsard, notamment pour sa traduction d'Anécréon.

• Anécréon (v. - 570 ; v. 485) : poète grec. Un des grands représentants du lyrisme personnel. Il a laissé des chansons d'amour et de table.

(3) Magny (Olivier de) - (Cahors, v. 1529 - 1561) - Poète, il se confie à du Bellay dans ses sonnets ("Soupirs", 1557). Ronsard et son équipe l'assurent de leur bienveillance. Devenu secrétaire d'Henri II, en 1561, il meurt quelques semaines plus tard.

NB : en 1553, à St Germain-en-Laye, naît Marguerite de Valois, sœur des futurs Charles IX et Henri III.

(4) Servet Michel (1509 - 1553). Théologien, philosophe, et médecin espagnol. Il a peut-être pressenti la circulation sanguine (qu'on ignore encore, à son époque).

(5) Selon Vitrac, 1775.

(6) Une fois une satisfaction obtenue, on oublie celui qui l'a procurée.

(7) Nostradamus (Michel de Notre-Dame, dit) - (St Rémy-de-Provence, 1503 - Salon-de-Provence, 1560) - Médecin et astrologue - Dans ses "Centuries astrologiques", il eut la chance de prévoir "la mort sans héritier" des trois fils d'Henri II.

(8) Publié à Lyon, en 1594 (selon d'Artigny et Stravius).

(9) Insérées dans l'édition publiée par Opsopoeus (Paris, 1599).

(10) Selon Vitrac, 1775.

(11) Il succède, à ce poste, au flamand Jean Strazeel, "mort subitement, le surlendemain des Rois, après avoir joyeusement dîné, l'avant-veille, avec des amis".

(12) Turnèbe (Adrien Tournebous, dit) - (Léo Andeys, 1512 - Paris, 1565). Humaniste français, professeur de grec au Collège de France.

(13) Selon Vitrac.

(14) Jules César Scaliger (1484 - Agen, 1558) - Médecin et humaniste italien. D'un caractère entier, il s'oppose à maints savants et humanistes de l'époque (Cardan, Brasme) - Auteur de travaux scientifiques et d'ouvrages littéraires ; sa "Poètique", en particulier, annonce le classicisme.

Jérôme Cardan (1501 - 1576) - Philosophe, médecin et mathématicien italien - Son système philosophique constitue un panthéisme sans immortalité de l'âme. C'est lui qui inventa le dispositif d'articulation à mouvement libre qui porte son nom (un cardan).

(15) Michel de Marillac (Paris, 1563 - Châteaudun, 1632) - grand juriste, homme intègre, d'une grande piété, il fut un des chefs du parti dévôt. Marie de Médicis le choisit pour succéder à Richelieu, ce qui provoqua son arrestation (1630).

(16) Simon du Boys (Limoges, 1536 - 1582) - A Paris, il étudie les langues anciennes (d'abord sous la direction de Turnèbe) et aussi la jurisprudence (à Bourges, où l'en instruit François Duarem). Il compose des "Lettres de Cicéron à Atticus" - De retour à Limoges, en 1574, il exerce, de manière intègre, les fonctions de lieutenant-général. Mort en 1582, il est inhumé en l'église de St Pierre-du-Queyroix, à Limoges, donc.

• Attius (Titus Pomponius) - Rome, - 109 ; - 32) - Chevalier romain ; surtout célèbre par son amitié avec Cicéron (- 106 ; - 43) : 396 lettres Ad Atticum.

(17) Pardoux du Prat (Aubusson, 1520 - Lyon, avant février 1570 - Avocat à Aubusson ; ardent et important propagandiste des idées protestantes - Humaniste savant et distingué, il enseigne le droit (lois romaines, droit féodal, droit canon) - Il a publié une quinzaine d'ouvrages.

(18) Pindare (- 518 ; - 438) - Poète lyrique et grec. Il nous reste, intacts, ses 4 livres d'Epinicièes (odes triomphales). Il est le philosophe de la modération et de la vertu. Son oeuvre, au style brillant, atteint les sommets du lyrisme.

(19) Thrène : lamentation funèbre, complainte.

(20) Ode : poème lyrique célèbrant les grands événements ou les hauts personnages.

(21) Eglogue : petit poème pastoral.

(22) Les Hymnes (de Ronsard) : poésies (en alexandrins et décasyllabes) publiées en deux livres (1555 - 1556) ; ces poèmes mêlent l'inspiration chrétienne et l'érudition mythologique.

(23) Janequin (Châtellerault, v. 1485 - Paris, 1558) - Compositeur. L'un des maîtres de la chanson polyphonique parisienne (La guerre - Le chant des oiseaux - Les cris de Paris - etc.)

(24) Selon F. Delage.

(25) Tels : d'Avanson (conseiller du roi) ; Bizet ; Boucher ; Delahaie ; Dagaud ; Dilliers ; Duthiers ; Michel de l'Hospital ; Magny ; Mauny ; Morel ;Paschal ; Panjas ; Robertet ; Vineus ; etc.

(26) Sonnet n° CXXXIX.

(27) Guillaume Colletet (1598 - 1659) . Polygraphe - Membre de l'Académie française dès 1640. De lui, ont été publiées 4 recueils de poésie (de 1651 à 1656).

(28) Pierre de Bourdeilles (Dordogne, 1538 - id., 1614) - Abbé et seigneur de Brantôme - Ecrivain, mémorialiste, et guerrier - Homme de cour (sous Henri II, Charles IX, et Henri III), il guerroie en Italie (1557) et participe aux guerres de religion (1562 et 1569).

(29) Scévole de Ste Marthe (Gaucher II) - (Loudun, 1536 - id., 1623) - Poète fort érudit, à grande droiture et à belle franchise, très admiré de Ronsard.

(30) Philippe II (1527 - 1598) - Fils de Charles Quint.

(31) Marguerite de France (1523 - 1574) - Son mariage a lieu le 8 juillet 1559; à minuit, en l'église St Paul.

(32) Elisabeth de France (1545 - 1568) - Fille d'Henri II et de Catherine de Médicis. Elle mourra en couches, à l'âge de 23 ans.

(33) Motet : composition à une ou plusieurs voix, religieuse ou non, avec ou sans accompagnement.

Madrigal : composition vocale polyphonique a capella ou monodique (à une seule voix), avec accompagnement.

Psaume : chant liturgique de la religion d'Israël, passé dans le culte chrétien.

Choral : chant religieux conçu, à l'origine, pour être chanté en choeur par les fidèles protestants.

NB : Le sacre de François II s'est déroulé le 18 septembre 1559.

(34) La conjuration est formée par le prince de Condé et les huguenots ; elle est dirigée par La Renaudie, pour soustraire, précisément, François II à l'influence des Guise. Découverte alors que les conjurés marchent sur Amboise, où se trouve la cour, elle est réprimée avec une extrême rigueur : la plupart des conjurés sont exécutés à l'intérieur même du château.

. La Renaudie : (Godefroy de Barré, seigneur de) - mort à Amboise, en 1560.

Sur la trahison d'un de ses amis, il est tué au moment où il va mettre son projet à exécution.

(35) Treize ans plus tard Jodelle connaîtra une fin misérable.

(36) Selon Vitrac, 1775.

(37) Adressée à François Carnavalet, 1er écuyer de feu Henri II, et gouverneur, précisément, d'Henri, duc d'Angoulême...

(38) Durant 1553 et 1554, alors qu'il se trouvait au sein de la cour.

(1) Microcosme : épopée biblique construite selon une architecture savante, il fait de l'homme un condensé de l'Univers. Ce disciple de Pétrarque "exprime sous une forme très condensée, très personnelle, et très choisie, des pensées très longuement méditées (selon V. Larbaud).

(2) Chalard (Joachim de) - (La Souterraine, (Creuse), v. 1505 - juill. 1563) - D'abord syndic de la communauté des prêtres de la Souterraine (1549), il devient avocat au Grand Conseil (1562). Il est, semble-t-il, gagné par les idées protestantes.

(3) Et pourtant, l'an précédent (le 24 août 1561) un colloque, resté célèbre, s'était déroulé entre catholiques et protestants, dans la grande salle du réfectoire de Poissy...

NB : en 1564, est publié le "Cinquième Livre", de feu François Rabelais. Deux personnages célèbres disparaissent : Michel Ange (89 ans) et Maurice Scève (63 ans) fort connu de Dorat et de ses amis.

En 1565, au Collège royal, Dorat perd un de ses estimés collègues enseignants : Adrien Turnèbe, qui vient de mourir, à 53 ans.

(4) Muret Marc-Antoine (Limoges, 1526 - Rome, 1588) - Humaniste et professeur. Il est ordonné prêtre en 1576. Il a laissé des poésies latines.

(5) Cuyas Jacques (1522 - 1590) - Jurisconsulte. Il garde la neutralité durant les guerres de religion. Il avait appris seul le grec et le latin. On le baptisa le "prince des romanistes".

(6) Goulu Nicolas (près de Chartres, 1530 - v. 1601) - Fils de vigneron. Au Collège royal, il enseignera le grec, avec succès, durant 34 ans. Il se plaisait à dire qu'un professeur doit "mourir dans sa chaire". Ses voeux furent exaucés : il fut frappé d'une crise d'apoplexie, au milieu d'une leçon.

Nicolas et son épouse Madeleine (la fille de Dorat) auront des enfants qui se révèleront de "distingués littérateurs".

(7) Selon Vitrac.

(8) L'affrontement entre les deux armées s'engage à huit heures, ce lundi 3 octobre 1569. Les troupes protestantes alignent environ 13 000 hommes de pied, 7 000 cavaliers et 8 grosses pièces d'artillerie. Les catholiques, eux, ont 17 000 hommes de pied, 10 000 cavaliers, 15 grosses pièces d'artillerie. "Les deux armées s'entrechoquent presqu'en même temps, sur toute leur longueur. A l'abordée, maintes lances volèrent en esclats, maints chevaux au heurtis les uns des autres trébuschèrent, infinies pistolades en firent renverser plusieurs culs sur testes".

C'est bientôt la débandade dans le camp huguenot. "L'infanterie protestante reste seule. Les lansquenets sont attaqués par les Suisses. Beaucoup se rendent, crient grâce. En vain. C'est le massacre fanatique expiatoire. L'on vit même des gens de pied se mettre dix ou douze en un monceau, par terre, à qui serait le plus caché pour échapper à la mort, les catholiques en tuant quatre ou cinq à la fois, d'un coup d'épée".

En deux heures de combat, près de 9 000 huguenots et un millier de catholiques jonchent la plaine tragique. Les protestants y laisseront, en sus, 900 charrettes de vivres.

Les catholiques ont pour chefs Monsieur (le futur Henri III) et Gaspard de Saulx, sieur de Tavannes. Les protestants sont commandés par l'amiral Gaspard de Coligny (52 ans) ; lequel sera, en 1572, la "victime numéro un de la Saint-Barthélémy".

(Cf. : Alain Blanchard, dans "la Nouvelle République du Centre-Ouest, datée du jeudi 24 août 1995).

(9) En effet, les frêles murailles limogeoises ne peuvent supporter un siège en règle, car "elles souffrent de vices de construction qui les font souvent s'écrouler ; les réparations préoccupent constamment les consuls" (selon Paul Ducourtieux).

(10) Peut signifier, ici : fourbes, percepteurs exigeant des contribuables le quadruple de l'imposition.

(11) Cependant, ses clauses seront reprises dans l'édit de Nantes (en 1598) sous Henri IV).

(12) C'est-à-dire Charles IX.

1571 - 1580

(1) Cette flèche-là ne sera jamais remplacée.

(2) Selon Papyre Masson.

(3) Peut-être une "fièvre catarrhale" (inflammation aiguë des muqueuses).

(4) Marguerite de Valois (1553 - 1615).

(5) Le massacre continuera en province, jusqu'en octobre 1572 , mais la résistance protestante se poursuivra et se renforcera dans l'Ouest et le Midi.

(6) Guillaume d'Orange-Nassau, dit le Taciturne (1533 -

1584), par exemple. Ce prince allemand sera assassiné par un fanatique. Car les guerres de religion font rage dans une grande partie de l'Europe. Sur l'heure, l'Espagne affronte le soulèvement de la Hollande et de la Zélande, soutenu par Guillaume le Taciturne : la répression anti-protestante devient de plus en plus féroce.

(7) Plus tard, certains historiens qualifieront Dorat de "panégyriste de la tragédie du 24 août 1572, approbateur forcené de la St Barthélémy" (cf. Geneviève Demerson).

(8) Psaume 112.

(9) Ce qui ne l'empêche point, dès son accession au trône, d'épouser une femme de deux ans sa cadette : Louise de Lorraine (Nomény, 1553 - Moulins, 1601), fille de Nicolas de Lorraine, comte de Beaumont. Après l'assassinat d'Henri III (1589), elle vivra "dans la retraite".

(10) Desportes Philippe (Chartres, 1546 - 1606) - Abbé courtisan - Auteur d'élégies et de poésies profanes (Amour de Diane, d'Hyppolyte (1573), où apparaît une certaine présiosité.

(11) Anjou (François, duc d') - 4ème fils d'Henri II et de Catherine de Médicis (1554 - 1584) - Personnage d'une dangereuse ambition, prompt aux intrigues (avec le prince de Condé, chef du parti protestant, ou Guillaume d'Orange), il devient très impopulaire. Sa mort laisse à Henri de Navarre la succession au trône.

(12) Paix de Monsieur,ou : de Baulieu ; ou : de Loches.

(13) Goulu Don Juan (Paris, 26 août 1576 - 5 janvier 1629) - Il prend le goût des lettres dans la maison familiale (et pour cause !). A la mort de Nicolas, son père (gendre de Dorat) on lui offre la chaire de celui-ci, au Collège de France. Mais il l'abandonne à son frère Jérôme, pour suivre la carrière du barreau.

En 1604, il entre dans la congrégation des Feuillants, sous le nom de Jean de Saint-François ; il en devient général, et ce, jusqu'à sa mort.

(14) Et ce bien que la Saint-Rémi soit fêtée le 1er octobre.

(15) Le 28 septembre 1573, lorsque le prince Henri partit en Pologne, Dorat avait aussitôt, dans un texte, souhaité "une vie éternelle" à Charles IX ; c'était quelques mois avant la mort de celui-ci.

(16) L'ordre sera supprimé en 1791, puis établi de 1815 à 1830.

(17) Nérac (Lot-et-Garonne) : l'édit de Nérac accorde 15 places de sûreté aux protestants. Avec Marguerite de Valois - et surtout avec sa fille, Jeanne d'Albret - la ville devient le principal centre du protestantisme français au 16è siècle. Mais elle sera démantelée après la conquête de la Navarre par Louis XIII, en 1621.

(18) Les biographes ne donnent "pas de détail" sur la vie (courte) de Louis. Mais l'existence de l'ode latine en question autorise, par regroupements, à déterminer, selon toute vraisemblance, sa date de naissance (d'ailleurs donnée comme étant 1568, année du mariage de sa soeur Madeleine);

(19) En 1588, il publiera son "Trois Livres".

(20) Septicisme : doctrine qui soutient que la vérité absolue n'existe pas, et qu'en conséquence, il faut suspendre son jugement.

(21) Selon Pierre de l'Estoile.

(22) Aujourd'hui, on dirait : le pied à l'étrier.

1581 - 1585

(1) Jérôme Goulu (1581 - 1630) - En 1599 (à l'âge de 18 ans), il obtient la chaire de professeur de langue grecque, au Collège royal. Plus tard, il étudiera physique et médecine ; il sera même docteur en médecine à la Faculté de Paris. Ardent catholique, il est un ennemi déclaré des calvinistes.

(2) Jean de Beaubreuil (né à Limoges, avant 1550) - Avocat exerçant à Limoges, il avait rencontré Marc-Antoine Muret, à Rome ; et celui-ci lui donna le goût de la littérature. Il composa "Regulus", tragédie imprimée à Limoges, en 1582, chez Hugues Barbou ; il la dédie à Dorat, son précepteur. Il signait ses poésies latines sous le pseudonyme de Joannes Boelbieus.

(3) Bardon de Brun (Limoges, 1564 - 19 janvier 1625) - Après des études de droit à Toulouse, il revient à Limoges. Ses parents le marient à Doucette Desmaison ; mais peu de jours après la cérémonie religieuse, les deux époux font voeux de chasteté ; ils vivront dans la continence pendant 14 ans ; l'épouse étant alors morte, Bardon de Brun devient prêtre, et refuse toute dignité ecclésiastique. Il est un des restaurateurs de la grande confrérie de Saint-Martial. Il est aussi l'auteur d'une tragédie en 5 actes, et en vers, intitulée "Saint-Jacques", publiée en 1596. On lui attribue des prédictions et des miracles.

A Limoges, on l'appelait "le bienheureux Bardon".

(4) Joachim Blanchon (Limoges, v. 1540) - Sa mère s'appelle Pénicailhe ; lui-même est bourgeois et marchand. En 1572 et 1580, il occupe d'infimes charges municipales. On place sa mort vers 1597. Il a publié "Sommaire discours de la guerre civile et calamité de ce temps" (1569), dialogue entre le temps et le monde, où il se montre très catholique. En 1582, paraissent ses premières oeuvres poétiques ("Amours de Diane", et "les Amours de Pasithée", dont la plupart des pièces sont dédiées aux beaux esprits de sa province. Auparavant, il avait composé des sonnets et des épitaphes "pour une cinquantaine de notables et de lettrés limousins".

NB : Il y eut aussi Simon des Coutures, dont le "Discours sur les origines de Limoges" sera lu à Henri IV, lors de son passage, en 1605.

(5) Epode : couplet lyrique formé de deux vers inégaux. Dans les choeurs de tragédie, partie lyrique qui se chantait après la strophe et l'antistrophe. Nom donné, également, à de petits poèmes satiriques d'Horace.

(6) Guise (Henri de) dit le Balafré - (1550 ; Blois, 1588) - Créateur de la Sainte Union, Sainte-Ligue, ou Ligue, confédération de catholiques français censés défendre la foi catholique, et désireux de détrôner Henri III au profit, précisément, du duc de Guise.

(7) Taille : incision de la vessie, pour extraire les concrétions pierreuses qui s'y sont formées : cystotomie.

(8) Agé alors d'environ 16 ans.

(9) Le comité dit des "Seize".

1586 - 1588...

(1) ou : Chippard.

(2) Allusion à ce que chantera Georges Brassens (quelque 366 ans plus tard !) dans son "Le Gorille".

(3) cf : Racine, dans "Athalie" (1691).

(4) Certains biographes ont affirmé que Chipart était "la fille d'un avocat" ; d'autres ont prétendu qu'elle fut "serveuse chez un commerçant..."

(5) Selon Moreri, 1758.

(6) On dit fréquemment que, par principe, Dorat "n'aimait à payer ni son logement, ni son médecin..."

(7) Selon Moreri, 1758.

(8) Ces vers-ci furent rédigés par Dorat dès 1569, donc ; mais ils ne sont publiés que maintenant, en 1586 (chez Guillaume Linocier, à Paris). Bien d'autres poèmes, restés à l'état de manuscrits, sont conservés à la Bibliothèque Nationale. (Voir, ici, dans les pages précédentes, le chapitre : "1560 - 1570".

NB : ce livre, constituant la seule édition, en volume, des oeuvres de Dorat, est très rare ; bien qu'incluant de douze à quinze mille vers, il réunit ainsi bien moins que le tiers de la production globale du poète...

(9) Selon Moreri, 1758.

(10) Polycarpe : père apostolique (2è siècle). Mort en martyr à Smyrne, en 155 ou 177 - Fête : 26 janvier.

(11) Certains prétendent, au contraire, que Polycarpe survécut ; qu'à la mort de Jean Dorat, il eut pour tuteur le gendre de celui-ci ; Nicolas Goulu ; qu'il devint, plus tard, un "marchand de toile" ; qu'il mourut "extrêmement riche". Mais une telle version ne semble guère crédible (voir GLOSSAIRE).

NB - En 1587, Henri III perd un de ses mignons : Anne de Joyeuse (26 ans) trouve la mort lors de la bataille de Coutras, face aux calvinistes.

En Allemagne - à Francfort - paraît la première version de Faust.

• Faust : héros de nombreuses œuvres littéraires (Marlowe, Goethe, etc) musicales et picturales. A l'origine de la légende, il y aurait un J. Faust, médecin et astrologue (v. 1480 - v. 1540). Le magicien Faust vend son âme au démon méphistophélès, en échange du savoir et des biens terrestres.

(12) cf : Jean Rostand, en 1973...

(13) Ledit texte, en français de l'époque, étant :

"Si j'ay servy cinq rois s'entresuivans.
Si j'ay instruict la France cinquante ans.
Si, par ma muse, j'ay mon siècle doré.
Ne souffrés que par vous d'Aurat (sic) soit dédoré".

(14) Selon l'écrivain Michèle Saint-Lô (années 1970).

(15) Les Seize : comité formé, donc, par les Ligueurs à Paris (dès 1585). Il soutient les Guise, et organise (12 mai 1588) la "journée des Barricades". Après la mort du duc de Guise, prennent leur indépendance et font régner la terreur (assassinat de Brisson), jusqu'à ce que Mayenne les soumette par la force, et fasse prendre quatre d'entre eux.

• Brisson Barnabé (v. 1530 - 1591). Avocat.

Nommé premier président au moment de la Ligue (par les Seize) il montre une modération qui le rend suspect : il est pendu...

• Mayenne (Charles de Lorraine, duc de) - (1554 - 1611) - Il prend la succession de son frère Henri, duc de Guise, à la tête de la Ligue. Il fera sa soumission à Henri IV.

(16) Papyre Masson dixit.

(17) Marc IV, 35.

(18) Clément Jacques (Serbonnes, Ardennes, 1567 - Saint-Cloud, 1589) - Moine ligueur fanatique, il assassine Henri III, et il est tué sur-le-champ. Il avait l'approbation de nombreux catholiques, dont le pape Sixte Quint...

(19) Sébillet qui, 40 ans plus tôt, déclencha l'apparition du fameux "manifeste" de Dorat et de ses amis de "la Brigade".

(20) De la sorte, le seul membre survivant de la Pléiade, précisément, demeure Pontus de Tyard ; en 1589, il fête ses 68 étés. Il s'éteindra en 1605, à l'âge de 84 ans.

De tous les "pléiadistes", il est celui qui aura vécu le plus longtemps.

(21) Van Gogh dixit.

(22) Homère (env. au 9ème siècle avant Jésus-Christ) - Poète mythique grec, à qui l'on attribue l'Illiade et l'Odyssée.

(23) cf : Roger Mathé.

(24) cf : Roger Mathé.

(25) cf : J. Nouailhac.

(26) Vitrac, 1775.

NB - En cette fin de 16ème siècle, un bourgeois parisien, Pierre de l'Estoile, tient un journal particulier, sinon intime, qu'il alimente, entre autres, des faits et gestes (27).

Y mentionna-t-il vraiment la disparition physique de Dorat ? Se risqua-t-il alors à quelques commentaires au sujet du "savant professeur", de sa vie et de son œuvre ?

Sans doute pas ; car dans ce registre personnel, on ne décèle nulle trace d'une pareille évocation...

(27) Par exemple, en janvier 1599, il y notera, sans la moindre émotion apparente : "Ce jour, fut pendu à la Croixdu-Trahoir, un petit laquais de 13 ans qui avait dérobé trois cents écus à son maître".

(28) J. Nouailhac, 1981.

(29) Selon Ch. Marty-Laveaux.

(30) Dans "Hymnes" (livre II).

(31) Ronsard, à "Jean Dorat, son précepteur et poète royal".

Achevé d'imprimer en mai 1996
sur les presses de la Nouvelle Imprimerie Laballery
58500 Clamecy
Dépôt légal : mai 1996
Numéro d'impression : 604095

Imprimé en France